Das Buch vom Windsurfen

Vom Anfänger zum Könner

Janet Cook / Penny Way

Illustrationen von John Beswick, Kuo Kang Chen und Susan Alcantarilla

Fachberatung: Tim Wills (Windsurfing-Trainer RYA)

ars edition

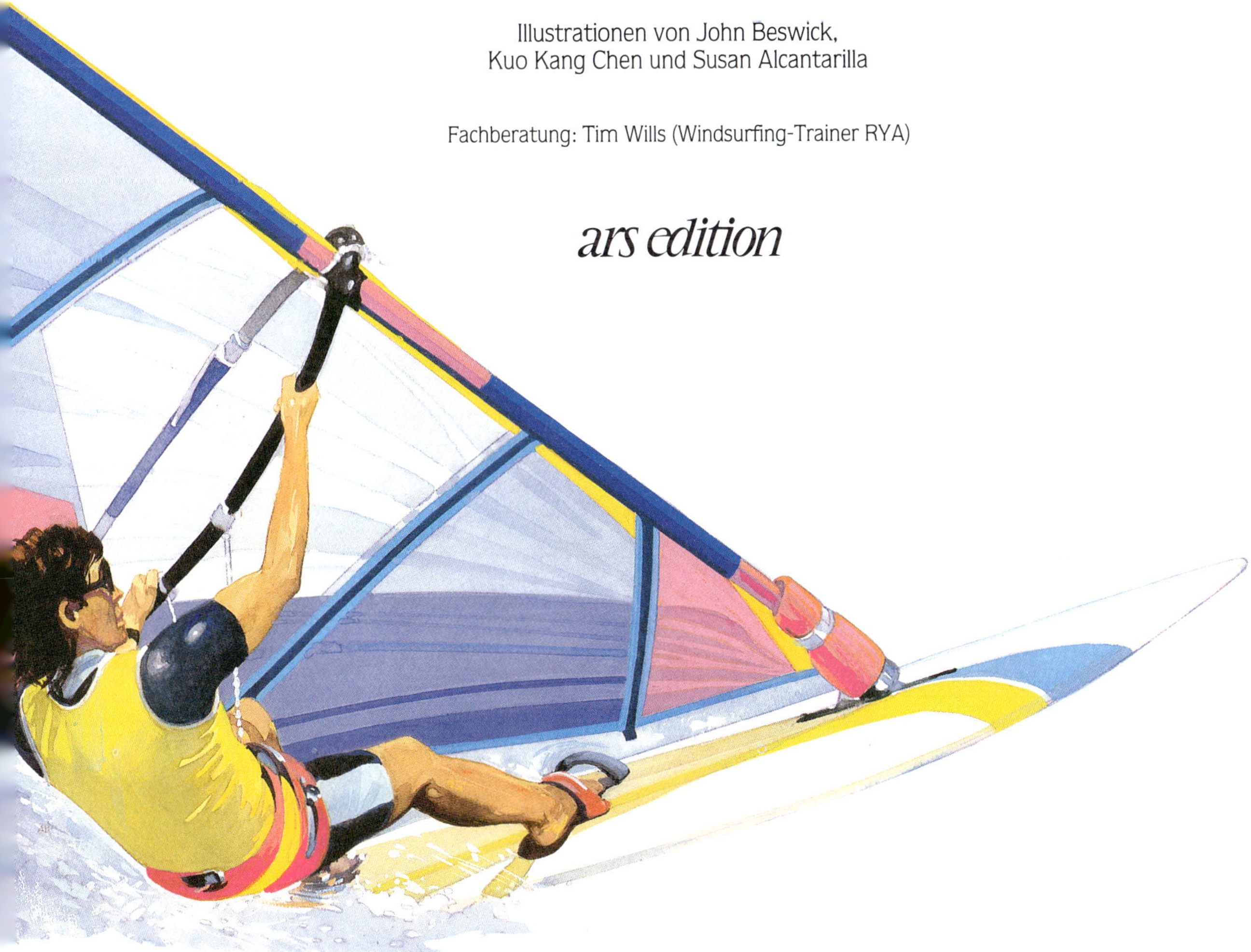

Inhalt

Aus dem Englischen von Jörn Kachelrieß
Titel der Originalausgabe: »Usborne Book of Windsurfing«
Gestaltung: Nerissa Davies sowie Christopher Gillingwater
Redaktionelle Mitarbeit: Felicity Everett und Constance Novis
Umschlaggestaltung: Atelier Langenfass, Ismaning,
unter Verwendung einer Illustration von Mick Posen
und Chris Lyon

ISBN 3-7607-4539-3
94 93 92 91 90 5 4 3 2 1

Wie man dieses Buch benützt

Die in diesem Buch erklärten Techniken sind Schritt für Schritt mit Fotos illustriert. In vielen Fotos ist ein kleiner Pfeil gedruckt, der die Windrichtung anzeigt. Wenn du nun ein neues Manöver angehst, versuche die ganze Bilderserie im Kopf noch einmal passieren zu lassen, bevor du aufs Wasser gehst.

Ärgere dich nicht, wenn du zunächst immer ins Wasser fällst – das geht jedem so. Falls du Schwierigkeiten hast, schau in den Problem-Boxen nach. Diese behandeln die meisten Fehler, die einem Anfänger im allgemeinen unterlaufen, und geben Hinweise, was man beim nächsten Mal verbessern sollte.

Viele Neulinge werden gleich zu Beginn von Theorie überrollt. Warum zum Beispiel dreht sich das Brett in den Wind, wenn man das Rigg nach hinten Richtung Brettende bewegt? Weshalb wechseln Experten die Position von Schwert und Mastfuß, um verschiedenen Kursen und Windverhältnissen gerecht zu werden? Dieses Buch bietet klare Antworten auf alle Fragen, wann

Freestyle

Brandungssurfen

Kursrennen

immer sie aufkommen. Indem du die Theorie verstehst, wirst du es auch leichter finden, unterschiedliche Techniken auf dem Wasser anzuwenden.

Nachdem du dir die Grundlagen angeeignet hast, wirst du vielleicht Lust bekommen, dich in einem der drei links gezeigten Fortgeschrittenen-Bereiche zu versuchen. Da geht es um Tricksurfen (für alle diejenigen, die auf dem Brett nie stillhalten können, jedoch trotzdem nicht ausschließlich in Orkanen surfen wollen), Regattasurfen (für die, die sich gerne messen), oder Brandungssurfen (für alle letzten Abenteurer). Dieses Buch vermittelt dir den richtigen Grundstock aus allen Bereichen und gibt darüberhinaus nützliche Tips, wenn du dein Können noch weiter verbessern willst.

Die meisten Leute leihen oder mieten sich ihre Ausrüstung für die ersten Versuche. Aus diesem Grund startet das Buch mit der Surf-Technik und nicht mit Kaufhinweisen und Materialberatung.

Penny Way

Penny Way, Mitautorin dieses Buches, begann 1980 mit dem Windsurfen und – nach nur fünf Wochen Praxis – auch mit dem Regattasurfen. Sie gewann ihre erste nationale Meisterschaft 1981 und hat seitdem jedes Jahr mindestens einen nationalen Titel mit nach Hause gebracht. Sie erreichte z.B. folgende erste Plätze:

1983 – Britischer Geschwindigkeitsrekord
1984 – Mistral-Europameisterschaft; Britischer Geschwindigkeitsrekord
1985 – Mitglied im Siegerteam bei den National Team Championships; Britischer Geschwindigkeitsrekord
1986 – Mitglied im Siegerteam bei den National Team Championships; 1. Platz bei den Damen-Weltmeisterschaften

Nebenher half sie, einen Surfshop in Australien aufzubauen und betrieb eine Surfschule in Neuseeland. Sie qualifizierte sich 1986 als Royal Yachting Association-Instructor und leitete Aufbaukurse in mehreren Ländern. Außerdem designt und promotet sie Surfanzüge und Sportswear.

Ein Blick auf den Windsurfer

Einer der größten Vorteile, den Windsurfer gegenüber anderen Segelfahrzeugen haben, ist ihre Einfachheit. Du kannst sie auf dem Autodach transportieren (S. 56–57) und in weniger als 20 Minuten aufriggen (S. 54–55). Der Windsurfer von heute unterscheidet sich wesentlich von seinen Vorläufern in den 60er Jahren. Neue Materialien und Design-Ideen ermöglichen den Herstellern, effizientere, langlebigere Boards und Segel zu produzieren. Mehr über die allerjüngsten Entwicklungen im Surfsport findest du auf den Seiten 46–49.

Die einzelnen Teile

Das Bild auf der rechten Seite zeigt alle Teile des Windsurfers, benennt sie und erklärt ihre Funktion. Wenn du dich als Neuling an diesen Sport heranwagst, wird dir diese Seite für alles Folgende ziemlich nützlich sein.

Die Einheit Mast-Segel-Gabelbaum bezeichnet man als Rigg.

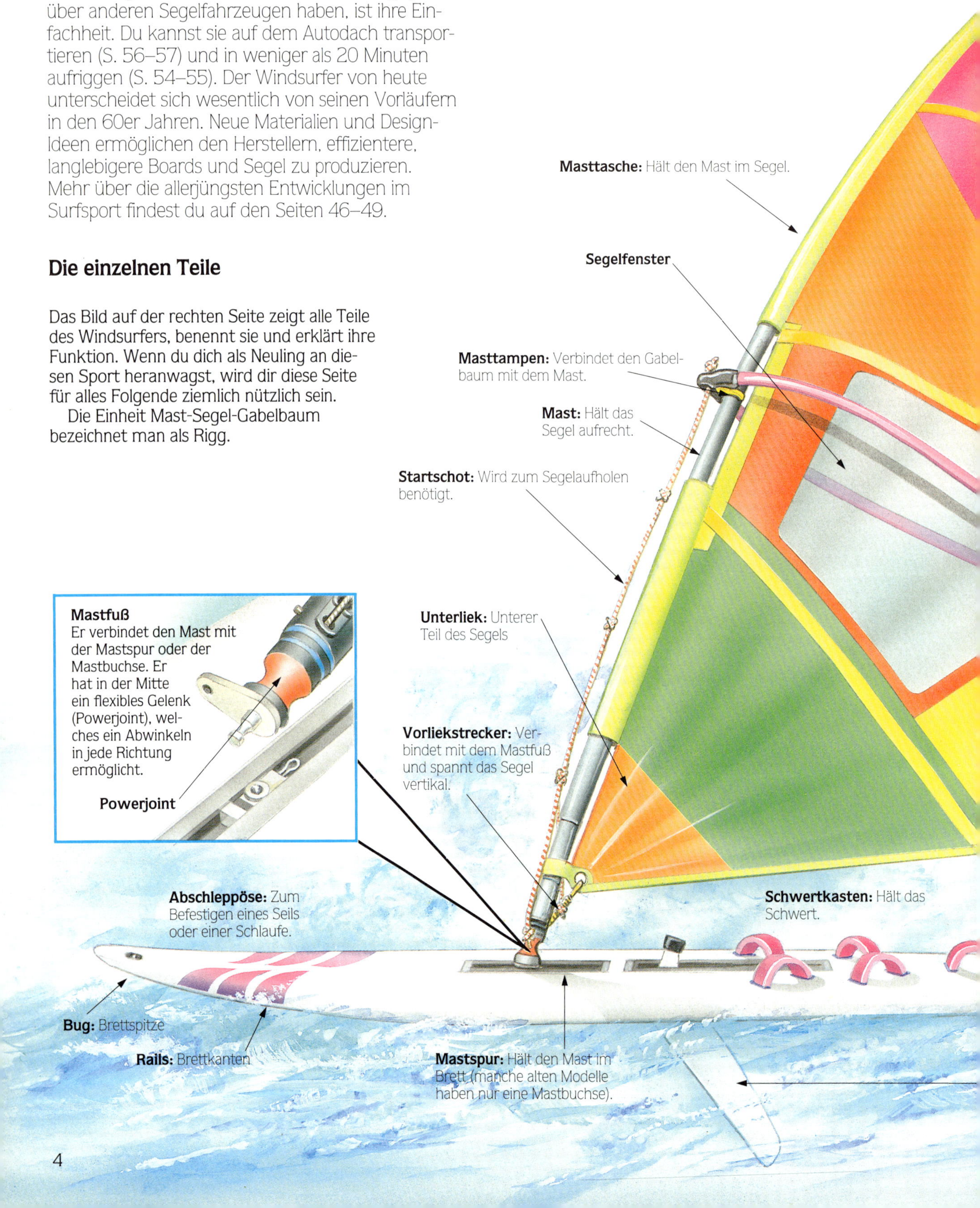

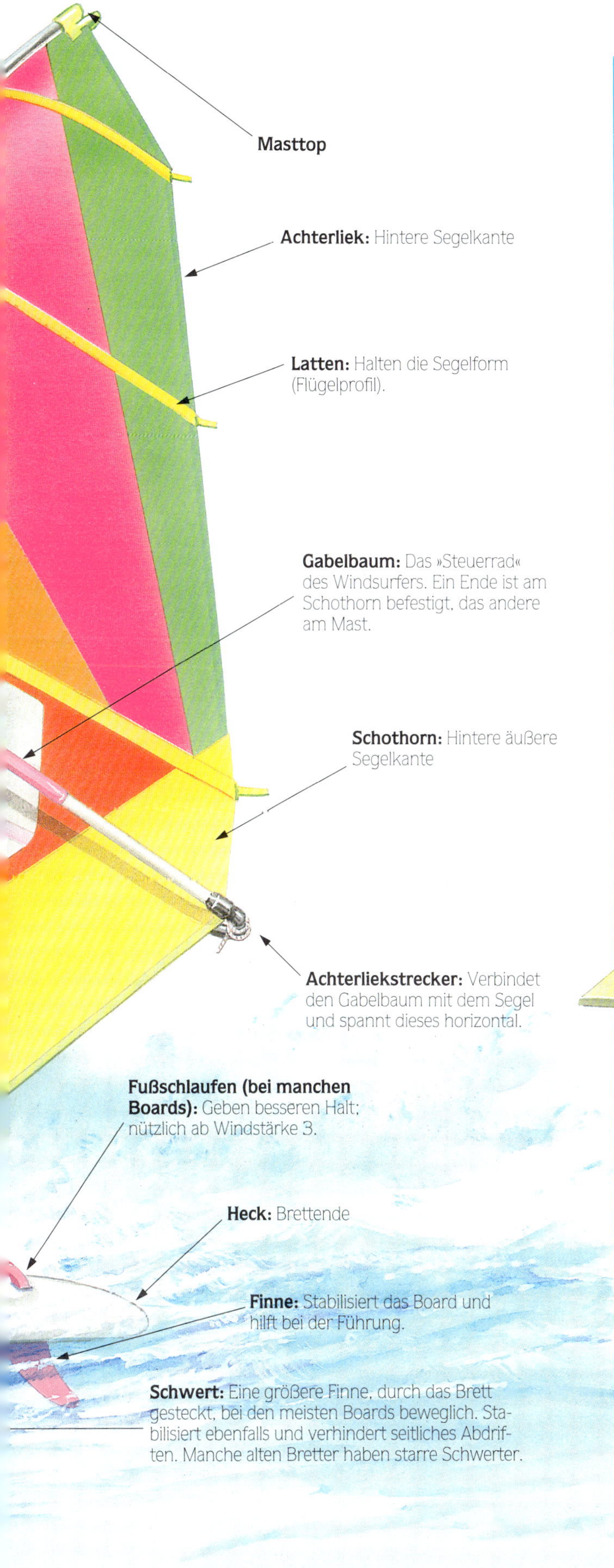

Die Entwicklung des Windsurfers

Es wurden eine Menge Behauptungen aufgestellt, wer denn nun den Windsurfer erfunden habe. Das Hauptmerkmal, welches ihn von gewöhnlichen Segelfahrzeugen unterscheidet, ist die Tatsache, daß er durch Segelbewegungen gesteuert wird.

Die ersten, die vermutlich ein solches ohne Ruder steuerbares Segelschiff verwendeten, waren Indios. Sie lenkten ihre Flöße auf dem Amazonas durch das Ändern der Mastposition. Der Mast konnte in verschiedene Aussparungen in ein Brett am Boden des Floßes versetzt werden.

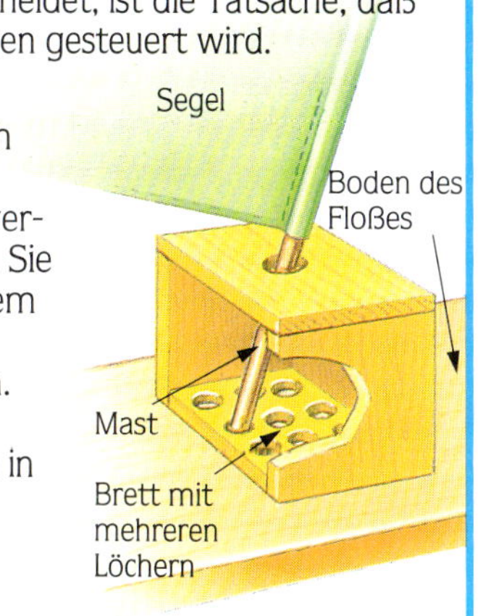

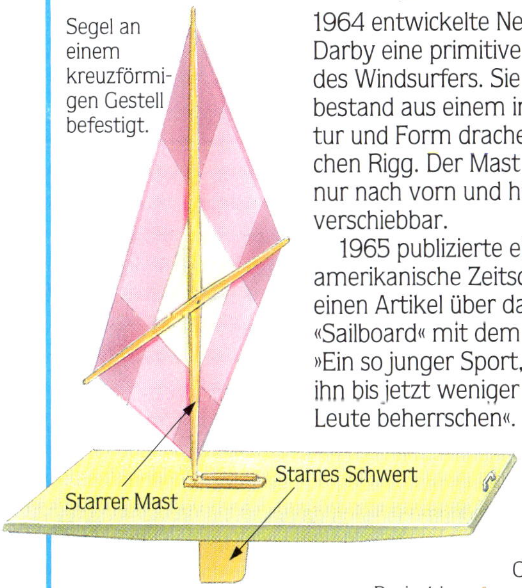

1964 entwickelte Newman Darby eine primitive Form des Windsurfers. Sie bestand aus einem in Struktur und Form drachenähnlichen Rigg. Der Mast war nur nach vorn und hinten verschiebbar.

1965 publizierte eine amerikanische Zeitschrift einen Artikel über das neue «Sailboard« mit dem Titel »Ein so junger Sport, daß ihn bis jetzt weniger als 10 Leute beherrschen«.

Es dauerte bis 1968, daß zwei Kalifornier, Jim Drake und Hoyle Schweitzer, den Prototyp des heutigen Windsurfers zum Patent anmeldeten. Er bestand aus einem normalen Surfbrett (hergestellt aus Kunststoffschaum mit Fiberglasüberzug) und einem dreieckigen Segel. Der große Durchbruch kam durch den am Mastfuß befestigten Powerjoint, welcher es ermöglichte, das Rigg in jede Richtung zu bewegen.

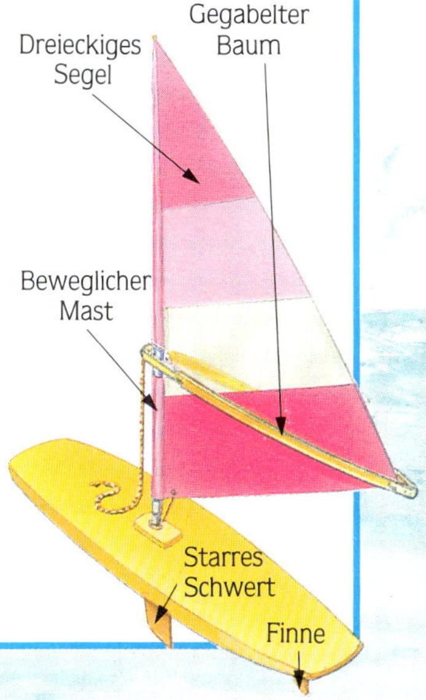

Vor dem Start

Bevor du aufs Wasser gehst, solltest du dir noch die Zeit nehmen, nach deinem Material zu schauen. Hast du die richtige Kleidung, sind Brett und Rigg für einen Anfänger geeignet? Ist dir der Wind nicht zu stark? Hast du dir einen sicheren Startplatz gesucht? Weißt du, was du machst, wenn du in Schwierigkeiten gerätst? Gute Vorbereitung stärkt dein Selbstvertrauen und hilft dir beim Lernen.

Deine Ausrüstung

Im folgenden findest du einige Tips für die Grundausstattung an Kleidung und Material. Weitere detaillierte Ratschläge, wie du mit der Vielfalt der Angebote zurechtkommst, findest du auf den Seiten 46–51.

Naß- oder Trockenanzug

Falls du nicht in besonders warmen Gefilden surfst, ist es lebensnotwendig, einen Naß- oder Trockenanzug zu tragen, um dich in nassem Zustand gegen das Auskühlen durch den Wind zu schützen. Wenn du auskühlst, versucht dein Körper, seine Temperatur durch Muskelbewegungen (Zittern) auf 37°C zu halten. Wenn die durch das Zittern erzeugte Wärme nicht mehr ausreicht, um die Körpertemperatur zu halten, beginnen lebenswichtige Organe auszusetzen. Das nennt man Hyperthermie.

Handschuhe und Kopfbedeckung

Handschuhe und Kopfschutz sind wichtig im kalten Wasser. Der Körper verliert 20% seiner Wärme über den Kopf. Manche Surfer tragen stets Handschuhe, um Blasen zu vermeiden.

Auftriebshilfe oder Rettungsweste

Auch wenn du ein guter Schwimmer bist – ein schneller Wetterumschwung kann fatale Folgen haben. Eine Auftriebshilfe oder eine Schwimmweste erhöhen deine Überlebenschancen. Die Auftriebshilfe ist nicht so bewegungsunfreundlich wie die Rettungsweste und in den meisten Fällen völlig ausreichend.
Solltest du aber bewußtlos werden, hält nur eine Rettungsweste deinen Kopf über Wasser; die Auftriebshilfe kann das nicht.

Rigg

Gabelbaum, Segel und Mast sollten leicht sein, damit es sich einfacher aus dem Wasser ziehen läßt. Je schwächer der Wind und je schwerer du bist, um so größer mußt du dein Segel wählen.

Schuhe

Plastik- oder gummibesohlte Schuhe schützen die Füße und geben Halt auf dem Brett. Für kaltes Wasser brauchst du Neopren-Schuhe oder Füßlinge.

Surfbrett

Das ideale Anfängerbrett hat ein breites Heck (hinteres Ende) und ist 360–380 cm lang. So erhältst du ein Maximum an Stabilität. Später wirst du ein kürzeres, rasanteres Board vorziehen. Alternativ könntest du auf einem Allround-Funboard anfangen, welches (zunächst) nicht so stabil wirkt, aus dem du aber nicht so bald herauswächst. Such dir ein Brett mit Fußschlaufen (du kannst sie ganz leicht entfernen, bis du dich gut genug dafür fühlst), einer verstellbaren Mastschiene (die kannst du in der Mittelposition fixieren, bis du gut genug bist, um sie richtig zu benützen) und einem versenkbaren Schwert (das ist notwendig für fortgeschrittenes Starkwind-Surfen).

Der richtige Startplatz

Geh auf einen kleinen Binnen- oder Stausee für deine ersten Versuche. Versichere dich, daß Rettungsmöglichkeiten zur Verfügung stehen. Informiere die Wasserwacht, daß du ein Anfänger bist, damit sie ein bißchen auf dich aufpaßt. Wenn du mit der Materie etwas vertrauter bist, wirst du vielleicht am Meer surfen wollen. Das ist ein Riesenspaß, aber auch gefährlich, wenn du keine Ahnung von den Gefahren wie z.B. starker Strömung hast (s. S. 59).

Sicherheitstips

★ Prüfe immer die Stärke und Richtung des Windes, bevor du aufs Wasser gehst (S. 58–59). Anfänger sollten bei Bedingungen über Windstärke 3 (Beaufort oder Bft.) passen. Surfe auf keinen Fall bei ablandigem Wind (d.h. wenn er rechtwinklig vom Ufer auf das Wasser bläst).

★ Achte darauf, daß noch andere Surfer in der Nähe sind.

★ Bevor du lossurfst: Such dir an Land einen markanten Punkt zur Orientierung. So wirst du dich nie verirren.

★ Informiere jemanden, wann du hinausfährst und wann du vermutlich wieder hereinkommst. Sag Bescheid, wenn du zurück bist.

★ Überprüfe noch einmal, ob dein Material in Ordnung und aufeinander abgestimmt ist (S. 55).

★ Vergewissere dich, daß du den Bedingungen gewachsen bist. Surfe nie im Dunklen oder bei Nebel.

★ Nimm eine Sicherheitsausrüstung mit (S. 50), wenn du am Meer surfst.

★ Mach dich vertraut mit den Vorfahrtsregeln und Wegerechtsbestimmungen auf S. 59.

★ Hüte dich vor Erschöpfung durch zu langes Surfen.

Selbstrettung

Für Notfälle sind im folgenden einige Alternativen aufgeführt, um ans Ufer zurückzukommen. Welche du benützt, hängt im wesentlichen von Stärke und Richtung des Windes ab. Als letzten Ausweg gibt es das internationale Notrufsignal: Winke mit deinen ausgestreckten Armen langsam auf und ab, um Hilfe zu alarmieren. Falls du eine Pfeife, Leuchtfackel oder Signalrakete dabei hast, benütze sie. Bleib bei deinem Brett. Es ist deine Rettungsinsel und macht dich sichtbarer für Suchmannschaften.

Universalmethode

Trenne, auf dem Brett sitzend, das Rigg vom Brett. Zieh die Latten aus dem Segel und steck sie hinten in deinen Anzug.

Jetzt löse das Achterliek und klapp das Gabelbaumende in Richtung Segeltop. Roll das Segel fest um den Mast.

Binde die obere Masthälfte und das Segel mit dem Achterliekstrecker zusammen, die untere Hälfte mit der Startschot.

Dreh das Rigg um 90°. Wenn du eine Schlaufe an der Abschleppöse hast, schieb den Mastfuß hindurch.

Leg dich auf das Brett und paddele ans nächstgelegene Ufer. Wenn die Latten stören, schieb sie zwischen Startschot und Rigg.

Bei Leichtwind

Zieh das Rigg über das Heck des Boards. Leg dich auf das Brett, halte das Segel mit den Füßen und paddele ans Ufer.

Mittel- bis Starkwind

Um am Wind zu fahren (S. 14), stell dich mit dem Rücken in den Wind und zieh das Segel zu drei Viertel aus dem Wasser.

Um mit dem Wind zu fahren (Vorwind), zieh das Rigg vollständig aus dem Wasser. Dreh dich mit dem Gesicht in Richtung Bug.

Erste Versuche

Eine der wichtigsten Voraussetzungen für gutes Windsurfen ist die Fähigkeit, auf dem Brett die Balance zu halten und sich mit allen Bewegungen vertraut zu fühlen. Hier folgen einige Übungen mit dem Brett, die ohne Rigg probiert werden. Wenn du diese beherrschst, wird es dir leichter vorkommen, die Grundmanöver mit Brett und Rigg zu lernen. Auf der folgenden Seite siehst du, wie man das Segel aus dem Wasser zieht und es in eine Position bringt, in der sich das Brett nicht bewegt.

Der Aufsteiger

Zieh das Board in hüfttiefes Wasser und klapp das Schwert voll aus, so daß der Knauf so weit hinten wie möglich ist.

Leg deine Hände auf die Brettmittellinie links und rechts vom Mast, etwa mit schulterbreitem Abstand.

Streck deine Arme durch und zieh deinen Körper langsam über das Brett, bis du zwischen deinen aufgestützten Händen zum Knien kommst.

Balanceakte

Versuch nun die folgenden Übungen. Vermutlich fällst du ein paarmal ins Wasser, aber du wirst auch jedesmal ein bißchen sicherer.

1. Kipp das Brett im Sitzen in alle Richtungen, um zu merken, wie es reagiert.

2. Versuch aufzustehen. Hast du's? Verlagere jetzt dein Gewicht seitwärts nach links und rechts.

3. Schau zum Bug hin und geh langsam vor zur Spitze. Dann dreh dich um und probiere das gleiche in die andere Richtung.

4. Dreh dich in der Mitte des Boards im Kreis.

5. Stell dich so lange wie möglich erst auf das eine Bein, dann auf das andere.

6. Zum Schluß kannst du noch hüpfen. Beginne erst mit einer Vierteldrehung (90°), einer halben Drehung (180°) und als Krönung spring einen Vollkreis (360°).

Problem-Box

Problem: Du schaffst es nicht, die Balance zu halten, und fällst permanent ins Wasser.

Lösung: Halte dein Körpergewicht über der Mittellinie. Wenn beide Füße sich auf der selben Seite neben der Mittellinie befinden, dann neige deinen Oberkörper auf die andere Seite, um das Gewicht gleichmäßig zu verteilen.

Das Segelaufholen

Verbinde zunächst das Rigg mit dem Brett, indem du den Mastfuß sorgfältig in der Mastschiene und die Riggsicherung am Board befestigst. Dreh das Brett so, daß es im rechten Winkel zum Wind im Wasser liegt, mit dem Rigg auf der windabgewandten Seite (= Lee). Du solltest vermeiden, durch falsches Segelaufholen den Rücken zu überlasten. Die folgende Technik beansprucht hauptsächlich die Oberschenkel. Achte darauf, die Hüfte geneigt und den Rücken so gerade wie möglich zu halten.

Auf dem Brett kniend ergreifst du mit der einen Hand die Startschot und benützt die andere zum Halten des Gleichgewichts.

Prüfe die Windrichtung. Wenn sich das Brett nicht mehr 90° zum Wind befindet, steig ab und richte es nochmal aus. Hock dich wieder aufs Board.

Mit der Startschot in der Hand stehst du auf. Das Rigg bleibt noch im Wasser. Den Rücken immer gerade, winkelst du die Knie an. Mit dem Ziehen an der Startschot streckst du sie durch.

Beuge und streck deine Beine erneut und zieh dabei das Rigg größtenteils aus dem Wasser. Laß zuerst das Wasser aus Segel und Masttasche rinnen.

Winkle die Knie erneut an und greif mit einer Hand über die andere, bis der Gabelbaum vollständig aus dem Wasser ist. Wechsle jetzt mit den Händen von der Startschot zum Mast.

Gönn dir eine kleine Pause, laß dabei Arme und Beine leicht angewinkelt. Rigg und Körper sollten ein »V« bilden. Gewöhne dich an das Gewicht des Riggs.

Jetzt schau, wie das Brett auf Riggbewegungen reagiert. Wenn du den Mast zum Heck neigst, wirst du merken, wie sich der Bug zum Wind hin dreht.

Um den Bug wieder vom Wind wegzudrehen, neige den Mast nun zur Brettspitze hin. Versuch das Brett zum Schluß wieder in die 90°-Position zum Wind zu bringen.

Die Ausgangsstellung

Die Position am Ende der Bildfolge ist die Ausgangsstellung. Der Wind bläst an beiden Seiten des Segels vorbei, das Brett fährt nicht weg. Falls es das doch tut, schau nach, ob

★ das Board rechtwinklig zum Wind liegt;
★ der Wind genau von hinten kommt;
★ das Gabelbaumende noch im Wasser liegt.

Segelaufholen mit Wind von vorn

Es kommt vor, daß du nach einem Reinfall das Rigg auf der Windseite (Luv) des Brettes findest. In diesem Fall mußt du das Segel auf die andere Seite (Lee) bringen. Am einfachsten ist es hierbei, das Brett folgendermaßen drehen zu lassen:

1. Zieh das Segel vorsichtig aus dem Wasser, bis nur noch das Gabelbaumende im Wasser liegt. Das Brett wird sich langsam drehen, bis das Segel auf der Leeseite liegt.

2. Schon kannst du das Segel ganz herausziehen und die Ausgangsstellung einnehmen.

Auf dem Fleck drehen

Wenn man das erste Mal ein Erfolgsgefühl beim Windsurfen verspürt, wird man schnell übermütig und landet weit entfernt vom Ausgangspunkt, ohne zu wissen, wie man zurückkommt. Das kann man vermeiden, indem man lernt, das Brett auf der Stelle zu drehen.

Die Technik

Die Fotos unten zeigen dir, wie du das Brett zuerst in Windrichtung und dann durch den Wind drehst. Drehst du den Bug weg vom Wind, wirst du vermutlich leewärts weitab von deinem Startplatz enden. Solange du nämlich Manöver nicht zügig durchführen kannst, wird dich der Wind während des Drehens immer nach Lee blasen.

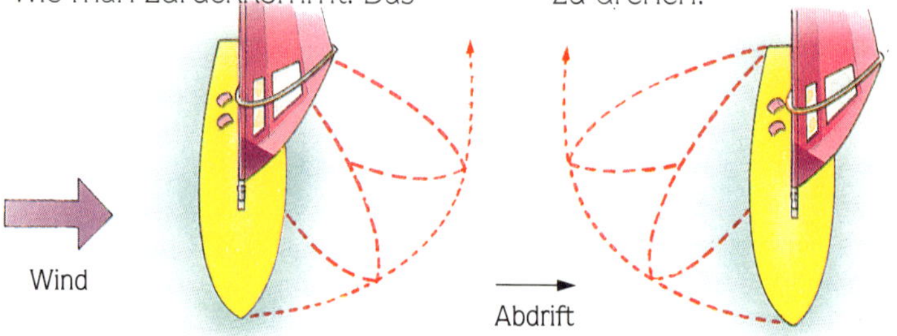

Neige den Mast in der Ausgangsstellung weit nach hinten zum Heck. Der Bug beginnt sich zum Wind hin zu drehen.

Halte das Rigg immer genau vor dir und den Rücken zum Wind. Geh in kleinen Schritten mit den Füßen nahe am Mastfuß um die vordere Bretthälfte.

Nachdem die Brettspitze den Wind passiert hat, richte das Rigg wieder gen Bug, um die 180°-Drehung zu vollenden.

Am Ende der Drehung solltest du wieder in der Ausgangsstellung angelangt sein, nur zeigt die Brettspitze jetzt in die entgegengesetzte Richtung.

Problem-Box

Problem: Du kannst das Segel nicht dirigieren und fällst immer wieder ins Wasser.

Lösung: Mehrere Fehlerquellen sind hier möglich:

1. Deine Schritte um den Mast sind zu groß.
2. Die Drehung des Segels ist nicht gleichmäßig genug. Es sollte eine weiche Bewegung sein.
3. Du siehst nur deinen Füßen zu. Vermeide dies und konzentriere dich auf die Segelbewegung.
4. Dein Körper und der Mast bilden keine V-förmige Einheit während des Manövers.

Verbesserungsmöglichkeiten

Zieh das Rigg weiter und schneller nach hinten. Stell deinen hinteren Fuß noch weiter zum Heck. Laß mit der vorderen Hand den Mast los.

Je erfinderischer und weiter man den Mast nach hinten zieht, desto schneller ist die Drehung.

Abfahrt

Nachdem du das Drehen des Boards gelernt hast, wird es Zeit für eine der aufregendsten Lektionen im Windsurfen: Das Anfahren. Die Grundschritte hierfür sind unten beschrieben. Auf den Seiten 12 und 13 lernst du steuern, wieder unterstützt mit Verbesserungsvorschlägen. Du nimmst also von neuem die Ausgangsstellung ein: Rücken zum Wind und Brettspitze in Fahrtrichtung. Visiere über den Bug einen Punkt an, auf den du zufahren möchtest. Das ist wichtig, denn du möchtest ja weder gegen den Wind surfen, noch zu viel Höhe verlieren. Solch einen Kurs nennt man Halbwind.

Nimm die hintere (Segel-)Hand weg vom Mast und stell deinen hinteren Fuß weiter zurück auf den Schwertkasten, immer über der Mittellinie.

Zieh nun auch deinen vorderen Fuß hinter den Mast. Er sollte möglichst parallel mit der Mittellinie nach vorn zeigen.

Zieh den Mast nach Luv zum Wind und schau dabei dein Ziel an, bis das Rigg sich ganz leicht anfühlt (im Gleichgewicht).

Ohne sie auszustrecken, ergreifst du mit der Segelhand den Gabelbaum und ziehst diesen langsam zu dir heran, bis das Segel voller Wind ist.

Wenn du nun losfährst, greif auch mit der vorderen (Mast)-Hand den Gabelbaum, verlagere dein Gewicht auf den hinteren Fuß und leg dich zurück.

Um zu bremsen, streck die Segelhand durch. Um anzuhalten, ergreif mit beiden Händen wieder den Mast und geh in die Ausgangsstellung zurück.

Wie der Wind im Segel arbeitet

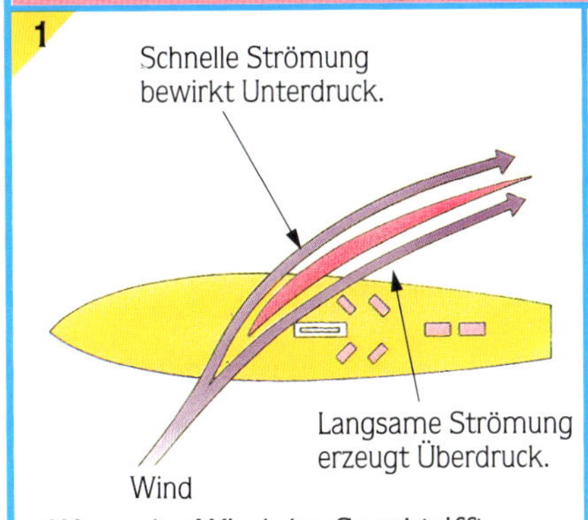

Wenn der Wind das Segel trifft, trennt er sich in zwei Strömungen. Die Strömung auf der Luvseite des Segels wird durch das Profil des Segels verlangsamt. Der daraus resultierende Luftstau bildet einen Überdruck. Auf der Leeseite beschleunigt die Segelkurve die Windgeschwindigkeit durch den entstehenden Unterdruck.

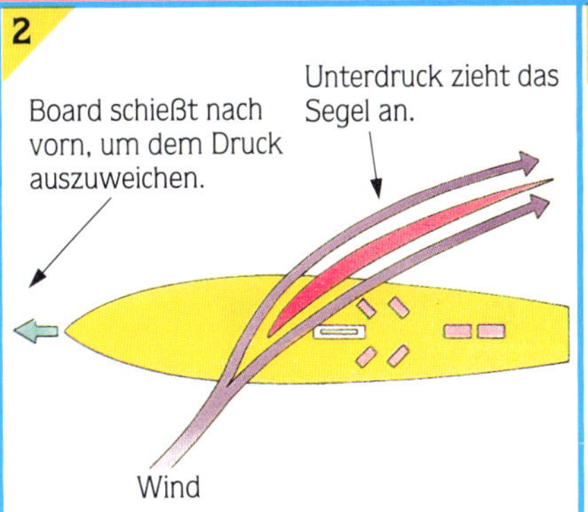

Der Wind auf der Überdruckseite wird von der Unterdruckseite samt Segel angezogen. Das Board aber kann durch den Widerstand von Schwert, Körper und Brett selbst nicht seitwärts abdriften. Der entstehende Druck zwingt das Brett, nach vorn auszuweichen, d. h. zu fahren.

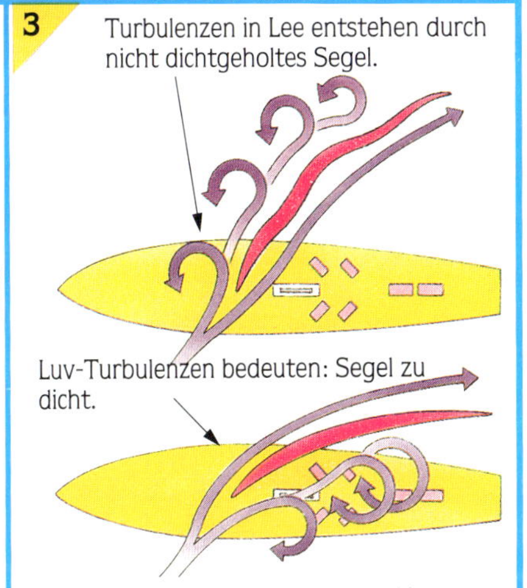

Wenn der Wind so gleichmäßig am Segel vorbeizieht, nennt man das Laminarströmung. Ist der Winkel von Segel zu Wind nicht richtig, entstehen Turbulenzen, und das Brett verlangsamt die Fahrt.

Segeltechnik

Die meisten Leute verbringen eine Menge Zeit damit, beim Anfahren zunächst ins Wasser zu fallen. Das kann ziemlich ermüdend sein, besonders, weil man jedesmal das Segel von neuem aus dem Wasser ziehen muß. Hier sind ein paar Tips, wie du die Zahl der Abgänge möglichst minimieren kannst.

Die perfekte Haltung

Die korrekte Haltung ändert sich je nach Windstärke.

Überhandgriff: Beide Hände greifen von oben.

Kombinierter Griff: Masthand von unten, Segelhand von oben.

Viele Leute empfinden den Überhandgriff als unangenehm. Eine populäre Alternative ist der kombinierte Griff, wobei die Masthand den Gabelbaum von unten und die Segelhand von oben greift. Du solltest selber ausprobieren, was du bevorzugst.

Problem-Box

Falls du das Gefühl hast, du verbringst zu viel Zeit im Wasser, dann lies dir die drei Punkte unten durch. Das nächste Mal geht es sicher schon besser.

★ Dein Körper ist zu steif. Entspanne dich, halte Arme und Beine leicht gebeugt.
★ Du hältst dein Körpergewicht nicht über dem Brett. Gerade bei Leichtwind ist das ausgesprochen wichtig, um das Board zu stabilisieren. Erst ab Windstärke 3 mußt du dich nach außen lehnen, um den Segeldruck halten zu können.
★ Deine Bewegungen kommen zu hektisch und übertrieben. Versuche schon bei der Vorbereitung zum Start locker zu bleiben.

Fallrückzieher

Wenn du merkst, daß du rücklings ins Wasser zu fallen drohst, zieh das Segel mit der Segelhand dicht heran und winkle schnell die Knie an, um so dein Körpergewicht auf die Brettmitte zu bringen.

Um das Nachvornefallen zu vermeiden, fiere mit der Segelhand auf (laß los), um so den Druck zu reduzieren. Alternative: laß zuerst die Segel-, dann die Masthand los und geh wieder in die Ausgangsstellung.

Steuern in Bewegung

Im Fahren steuerst du genauso wie in der Ausgangsstellung. Bei schwachem Wind müssen die Mastbewegungen verstärkt werden. Ein gutes Bewegungsgefühl bekommst du durch Surfen von S-Kurven. Achte darauf, daß du das Segel nach jeder Kurve wieder richtig hältst, indem du es auffierst und dichtholst, bis das Flattern aufhört.

Um in Richtung Wind zu drehen (anluven), neige das Rigg zum Heck. Dazu streckst du den hinteren Arm und verlagerst dein Gewicht auf das hintere Bein.

Um weg vom Wind zu drehen (abfallen), zieh das Rigg nach vorn, indem du den Mastarm durchstreckst und dein Gewicht auf den vorderen Fuß bringst.

Wie das Steuern funktioniert

Auf Seite 11 hast du gesehen, daß die Vorwärtsbewegung durch den Luftdruck im Segel zustandekommt – gegen den Widerstand des Schwertes, des Boards und dein Gewicht.

Die Stelle im Segel mit dem größten Druck nennt man Segelschwerpunkt (hier: SSP). Den größten Widerstand am Brett bezeichnet man als Lateralschwerpunkt (hier: LSP).

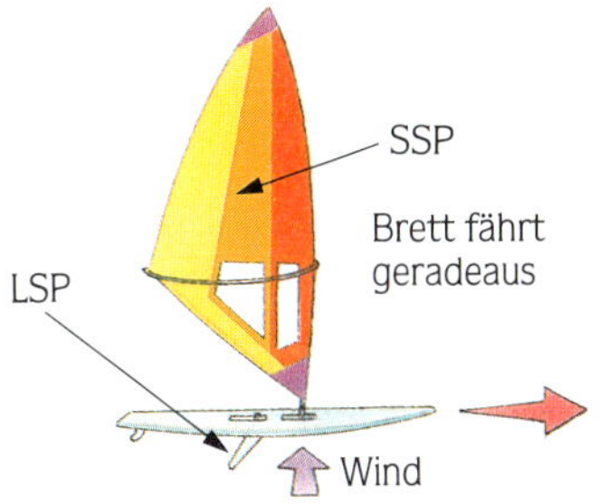

Damit das Brett vorwärts und geradeaus fährt, müssen SSP und LSP übereinander liegen, wie oben im Bild gezeigt.

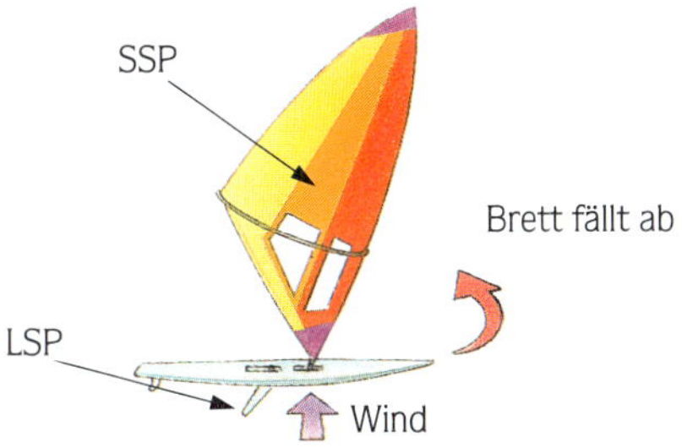

Mit dem Nachvorneneigen des Segels verschiebt sich der SSP vor den LSP. Ergebnis: Das Brett bewegt sich weg vom Wind.

Ziehst du das Segel nach hinten, wandert der SSP hinter den LSP. Je kräftiger die Bewegung, desto größer der Effekt.

Am Wind segeln

Als du gelernt hast, auf Halbwind zu surfen, hast du vielleicht bemerkt, daß dich der Wind immer etwas nach Lee verbläst und daß es wesentlich mehr Zeit kostet, wieder am Wind zurückzusurfen. Hier siehst du, wie man effektiv am Wind kreuzen kann, ohne in Seenot zu geraten.

Amwind-Kurse

Das Diagramm rechts zeigt alle überhaupt segelbaren Kurse. Wie du bemerken wirst, sind das alle Richtungen außer je ein Bereich von ca. 45° auf beiden Seiten der Windrichtung. Diese Zone nennen wir »toter Winkel«. Wenn du in diesen hineinsurfst, wirst du entweder stehenbleiben oder zurückgeblasen werden. Da du ja nun das Steuern und auf Halbwind surfen gelernt hast, kannst du ebensogut auch dichter am Wind fahren (hart am Wind) oder weiter abfallen (auf Raumschotkurs). Um jedoch Höhe zu gewinnen, mußt du hart am Wind surfen. Dieses »gegen den Wind Surfen« nennt man Kreuzen.

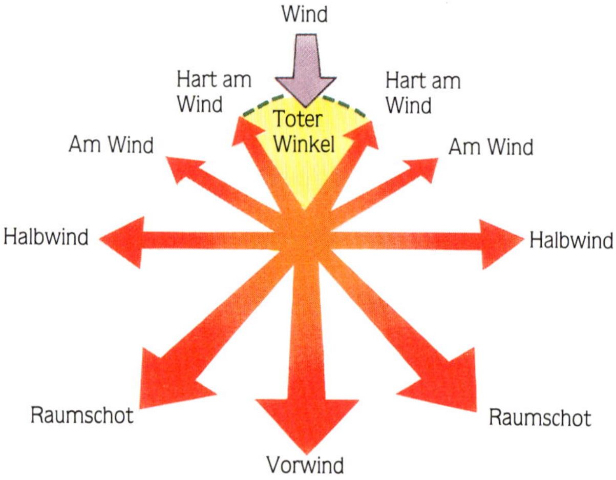

Hart am Wind

Du segelst auf Halbwind, dann luvst du an auf einen Amwind-Kurs; dabei suchst du dir ein neues Fahrziel und neigst das Rigg wieder nach hinten.

Wenn das Brett in die neue Richtung zeigt, hältst du das Rigg wieder aufrecht. Schon surfst du am Wind.

Durch Wiederholen des Vorgangs luvst du noch weiter an, bis zum Rand des toten Winkels, und bist nun hart am Wind.

Problem-Box

Man »schießt« sehr schnell in den toten Winkel. Hier sind die Warnzeichen:

1. Das Segel bekommt Wind von der falschen Seite.
2. Der Gabelbaum ist über der Mittellinie.
3. Das Brett verlangsamt sich und stoppt. Wenn du nicht schnell den Mast nach vorn neigst, wirst du ins Wasser fallen.

Am Wind kreuzen

Es ist unmöglich, genau gegen den Wind zu surfen. Deshalb muß man einen Zick-Zack-Kurs wählen, um einen im Wind liegenden Punkt zu erreichen. Dazu drehst du das Brett, wie rechts gezeichnet, durch den Wind.

Die Technik hierfür wurde ja schon auf S. 10 beschrieben. Doch wenn du vor jeder Drehung erst zurück in die Ausgangsstellung mußt, brauchst du bis ans Ziel eine halbe Ewigkeit. Deshalb lernen wir als nächstes eine flotte Art zu drehen: das Wenden.

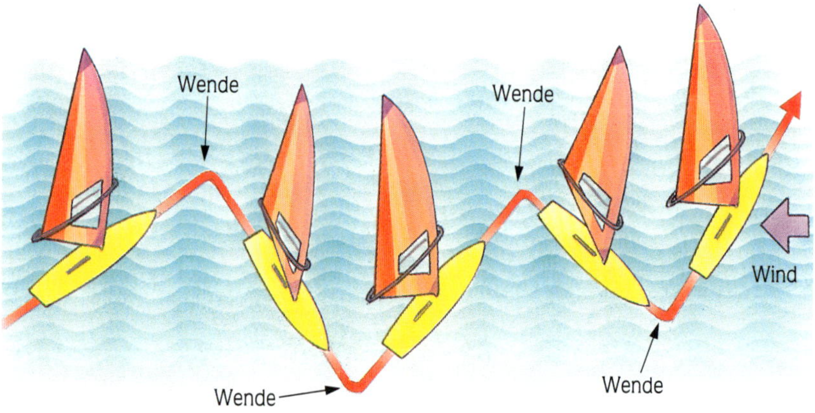

Um nicht zuviel Höhe zu verlieren, wendet man möglichst schnell und verliert so nicht allzu viel an Tempo. Zwischen den Wenden ist es entscheidend, hart am Wind zu bleiben. Zwar bist du am Wind etwas schneller, doch gewinnst du nicht so viel Höhe.

Die Wende

Du segelst hart am Wind, dann greifst du mit der Masthand an den Mast und neigst das Rigg weit zurück. Den vorderen Fuß stellst du vor den Mast.

Das Brett dreht gegen den Wind. Kurz bevor der Bug in den Wind zeigt, greift auch die Segelhand den Mast. Stell dich mit schnellen Schritten links und rechts neben den Mastfuß.

Nun mußt du nur das Rigg so lange nach vorn neigen, bis das Board in der neuen Richtung wieder im rechten Winkel zum Wind steht. Aus der Ausgangsstellung heraus kannst du von neuem anfahren.

Problem-Box

Wenn du zu lange auf der falschen Brettseite stehenbleibst, fällst du. Versuche dich schnell und sicher zu bewegen, sobald das Brett durch den Wind dreht.

Wenn du den Bogen einmal raus hast, wirst du wahrscheinlich nach der Wende gleich wieder in Segelposition gehen, anstatt die Ausgangsposition einzunehmen.

Schnelle Wenden

Dies sind zwei Variationen der Grund-Wende. Bei beiden segelst du fast bis auf den neuen Kurs, bevor du um den Mast springst. Gut ausgeführt ist die Baum-zu-Baum-Wende schneller als die normale oder die durchgezogene Wende, da du den Mast nicht mehr brauchst. Es kann durchaus sein, daß dein Baum-zu-Baum-Traum anfangs oft in Schaum getaucht wird.

Die durchgezogene Wende

Das Rigg nach hinten geneigt, ergreift die Masthand den Mast. Der vordere Fuß macht einen Schritt vor den Mast, wie bei der normalen Wende.

Doch wenn die Bugspitze genau in den Wind schaut, bleibst du, wo du bist, das Segel immer noch nach hinten geneigt.

Mit dem hinteren Fuß schiebst du das Heck unter dem Segel durch. An dieser Stelle wird das Brett stehenbleiben, um gleich darauf rückwärts zu fahren.

Sobald das Brett stoppt, steigst du schnell um den Mast, die alte Segelhand ergreift den Mast, die alte Masthand den Gabelbaum auf der neuen Seite.

Baum-zu-Baum-Wende

Der vordere Fuß tritt vor den Mast, das Rigg ist nach hinten geneigt, und beide Hände bleiben am Gabelbaum.

Wie bei der durchgezogenen Wende segelst du das Brett auf neuen Kurs, indem du mit deinen Füßen das Heck herumdrückst.

Die hintere Hand greift über die Masthand um den Mast und packt auf der anderen Seite den Gabelbaum.

Spring schnell um das Rigg und greif mit der zweiten Hand auf die andere Seite. Hol dann das Segel wieder dicht, Mast nach vorn.

Vorwind segeln

Inzwischen kannst du kreuzen (hart am Wind), auf Halbwind fahren und leicht weg vom Wind auf Raumschot surfen. Die Fotos unten zeigen dir, wie man mit dem Wind im Rücken segelt. Das nennt man Vorwind. Man könnte meinen, der Vorwind-Kurs sei der schnellste aller Kurse, weil der Wind dich direkt von hinten anschiebt. Jedoch fehlt im Gegensatz zu den anderen Kursen der Zug der Leeströmung am Segel (S. 11), deshalb ist er nie so schnell wie ein Halbwind- oder Raumschotkurs.

Vor dem Wind

Auf Halbwindkurs neigst du das Segel nach vorn und streckst den Mastarm. Das Brett dreht auf Raumschot.

Den Mast weiter nach vorn gelegt, fierst du das Segel mit der Segelhand mehr auf. Die Masthand ziehst du wieder leicht an.

Stell dich jetzt so über die Mittellinie des Boards, daß die Füße nach vorn zeigen und das Gewicht gleichmäßig verteilt ist.

Positioniere das Rigg so, daß das Segel rechtwinklig über dem Brett steht. Jetzt segelst du Vorwind.

Segelsteuerung

Bremsen

Du kannst das Brett auf Vorwindkurs steuern, indem du das Rigg nach links oder rechts neigst.

Eine andere Art des Steuerns ist die Verlagerung des Körpergewichts auf das eine oder andere Bein. Beide Methoden zusammen ergeben Geschwindigkeit.

Auf Vorwindkurs nimmst du Wind aus dem Segel, indem du das Rigg über den Kopf ziehst. Um wieder Fahrt aufzunehmen, richtest du es erneut auf.

Halsen

Wenn du Vorwind segelst, ist es natürlich schneller, das Heck durch den Wind zu drehen, als bis zur Wende anzuluven. Das nennt man halsen. Eine Halse in Perfektion ist das Nonplusultra der Funboard-Piloten.

Auf Vorwindkurs greift die Segelhand über die Masthand an den Mast.

Das Brett beginnt sofort zu drehen, und die Masthand läßt los. Die Füße nehmen langsam die Ausgangsstellung ein.

Nimm das Segel wieder dicht und segle auf Halbwind-Kurs weiter. Du steuerst mit dem Rigg durch Neigen nach vorn oder nach hinten.

Die durchgezogene Halse

Eine fortgeschrittene und schnellere Version des Halsens ist die durchgezogene Halse.

Wir brauchen mindestens Windstärke 2, damit dieses Manöver funktioniert.

Falle von Halbwind ab auf Raumschot und neige das Rigg nach vorn. Gleichzeitig lehnst du deinen Körper nach Luv.

Mach einen Schritt in Richtung Heck, Rigg und Körper sind noch nach Luv geneigt. Es kann sein, daß deine Füße etwas untertauchen.

Wenn das Brett sich zu drehen beginnt, greif den Gabelbaum breitarmig und »pumpe« (ziehe ein paar Mal leicht daran), um die Drehung zu beschleunigen.

Das Brett rotiert jetzt, so daß das Segelende über der Brettspitze steht. Nun schnell einen Schritt nach vorn, damit die Brettdrehung wieder aufhört.

Laß den Gabelbaum mit der Segelhand los und greif den Mast. Die Hand wird jetzt zur neuen Masthand, die alte Masthand läßt das Rigg auch los.

Schwinge das Rigg gleichmäßig am Körper vorbei, hol den Mast dicht und greif auch mit der neuen Segelhand den Gabelbaum. Schon geht's weiter auf neuem Kurs.

Der scheinbare Wind

Beim Surfen (Ausnahme: auf Vorwind-Kurs) wirst du feststellen, daß der Wind bei zunehmender Geschwindigkeit leicht dreht; du mußt das Segel dichter nehmen, um den maximalen Segeldruck zu erhalten. Warum ist das so?

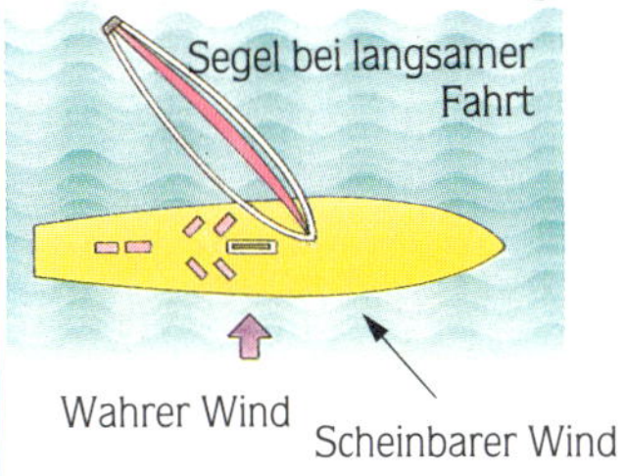

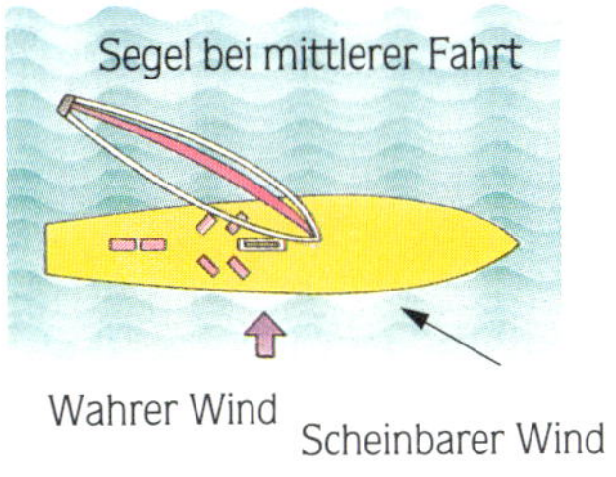

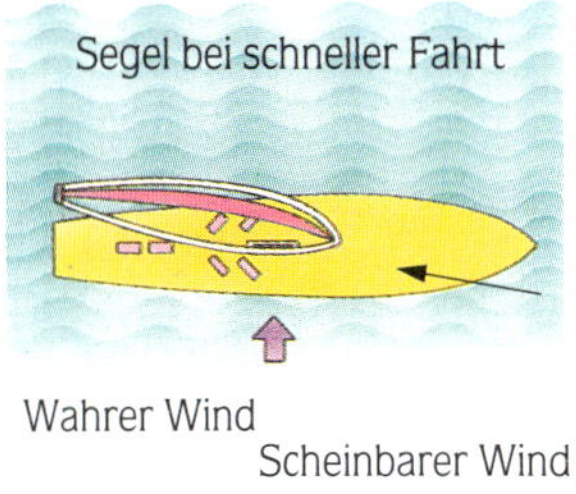

Wenn du auf dem Land stehst und in Windrichtung schaust, spürst du den Wind im Gesicht. Das nennt man den wahren Wind. Drehst du dich um und fängst an zu laufen, hast du immer noch Wind im Gesicht, nämlich den Fahrtwind, obwohl der wahre Wind von hinten kommt.

So ist der für das Windsurfen ausschlaggebende Wind eine Kombination aus wahrem Wind und Fahrtwind. Das ist der scheinbare Wind.

Je schneller du fährst, umso stärker kommt der scheinbare Wind von vorn. Um das Segel dann im besten Winkel zum scheinbaren Wind zu halten, mußt du es dichterholen.

Teste dein Können

Hier kommt eine große Zahl von Übungen, um das bisher Gelernte zu testen und zu verbessern. Außerdem kannst du lernen, mit ungewohnten Situationen spielerisch und doch sicher fertig zu werden. Übe möglichst auf Flachwasser bei Windstärken 2–3. Wann immer du eine Übung gemacht hast, analysiere sie hinterher noch einmal und überlege, was du verbessern könntest.

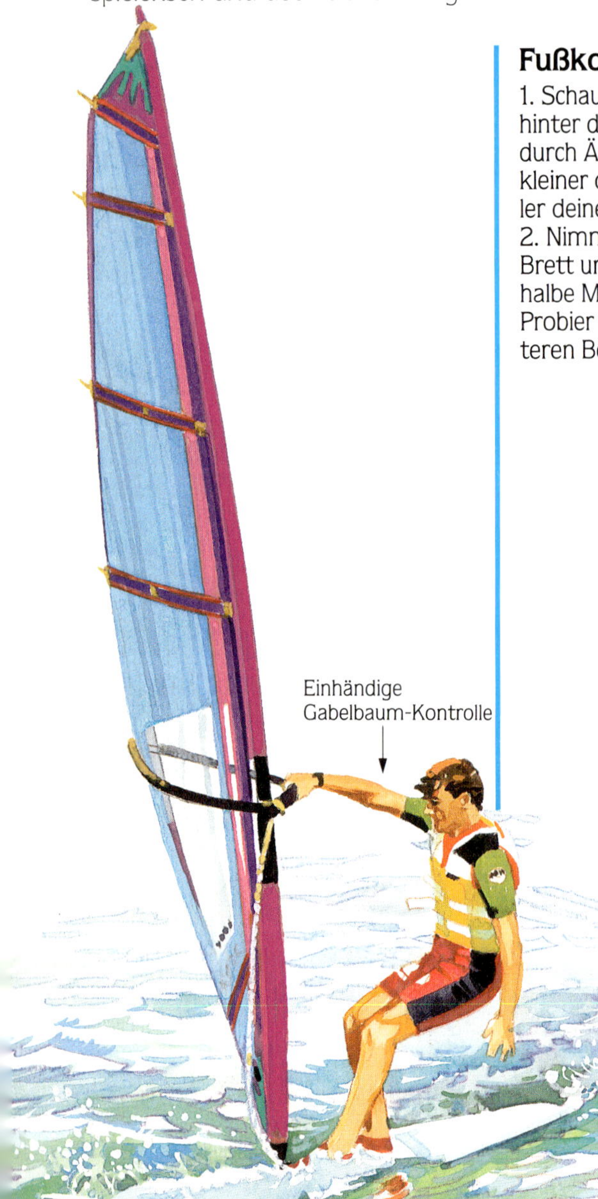

Fußkontrolle

1. Schau, wie klein du die Heckwelle hinter dem Board machen kannst durch Ändern der Fußstellung. Je kleiner das Kielwasser, desto schneller deine Fahrt.
2. Nimm den vorderen Fuß vom Brett und laß ihn im Wasser für eine halbe Minute hinterherschleifen. Probier das gleiche mit dem hinteren Bein.

Auf Vorwind

Stell dich auf das Brettende, bis das Heck untertaucht. Versuche dich möglichst lange zu halten.

Knie dich aufs Board.

Setz dich aufs Board.

Baumkontrolle

1. Schieb deine Hände am Gabelbaum hin und her, bis du eine Stelle gefunden hast, an der du das Rigg nur mit einer Hand halten kannst.
2. Versuche dann den Gabelbaum mit den Händen so weit auseinander wie möglich zu greifen.
3. Laß den Gabelbaum für einen Moment völlig los und klatsche, bevor du ihn wieder greifst.

Halsen

Berühre das Wasser erst mit einer, dann mit der anderen Hand, wenn du gerade halb durch die Halse bist.

Pumpen

Bemühe dich, das Board durch Pumpen des Segels zu beschleunigen. Auf Halbwind-Kurs ziehst du den Gabelbaum zu dir (Bild 1) und läßt ihn dann wieder aus (Bild 2). Wiederhole diesen Vorgang vier- bis fünfmal.

Mit einem Partner

1. Du übernimmst die Führerrolle und segelst davon, änderst deinen Kurs und baust möglichst viele Tricks ein. Der Hintermann sollte alles nachahmen. Später tauscht ihr die Rollen.
2. Ihr startet beide vom gleichen Punkt aus. Probiert aus, wer härter am Wind surfen kann.
3. Markiert eine Start- und Ziellinie mit Bojen. Veranstaltet ein Wettrennen.

Rückwärts

Ob du es schaffst, auf Raumschot rückwärts zu fahren? Fiere das Segel auf, bis das Brett stoppt, ergreife dann einfach die andere Seite des Gabelbaums. Wenn du jetzt erneut dichtholst, bewegst du dich rückwärts.

Die Landung

Du kannst leicht Brett und/oder Rigg beschädigen, wenn du unvorsichtig bis unmittelbar ans Ufer fährst bzw. aufläufst.

Verlangsame die Fahrt kurz vor dem Ufer. Stoppe das Board bei etwa knietiefem Wasser mittels der Ausgangsstellung.

Laß das Rigg sanft auf der Leeseite ins Wasser, steig vom Brett, löse die Riggsicherung und den Mastfuß. Zieh dann das Schwert heraus.

Pack das Brett am Schwertkasten und trag es zuerst ans Ufer. Als zweites holst du das Segel. Zwei Arten, das Segel zu tragen, findest du auf Seite 57.

Surfen bei Starkwind

Die ersten Versuche, bei Starkwind zu surfen, können ganz schön demoralisierend sein. Viele Leute geben bei Windstärken über 3 auf, weil sie glauben, sie seien nicht stark genug. Kraft ist aber bei weitem nicht alles bei Starkwind. Mit entsprechender Technik kann man fehlende Muskeln weitgehend kompensieren. Sehr wirkungsvoll ist aber auch ein kleineres, handlicheres Segel (S. 48–49).

Aufholen des Riggs

Schnelle, entschlossene Aktion ist hier gefragt, damit das Rigg in möglichst kurzer Zeit aus der Flatterposition an der Startschot hängend in die Ausgangsstellung gelangt. Bei gleichmäßigem und langsamem Aufholen würde der Wind dir das Rigg aus den Händen reißen.

1 Die Füße stehen links und rechts vom Mast; du gehst in die Hocke, der Rücken aber bleibt aufrecht.

2 Mit einem energischen Ruck ziehst du das ganze Rigg in einer Drehung zum Mast hin aus dem Wasser. Der Gabelbaum muß sofort freischweben.

3 Mit einer Hand am Mast und der anderen am Gabelbaum hältst du das Segel. Dann lehnst du dich zurück und nimmst das Segel sofort dicht.

Starkwind-Stellung

Bei kräftigerem Wind mußt du deine Position auf dem Brett ändern. Bei Starkwind hat das Board die Tendenz, mit der Spitze leicht einzutauchen und die Luvkante zu heben (aufkanten). Das verlangsamt das Brett. Um dem entgegenzuwirken, mußt du die Fußstellung entsprechend ändern. Man nennt das: das Brett austrimmen. Indem du das Segel über den Kopf ziehst, kannst du seine Angriffsfläche für den Wind verkleinern und so den Winddruck verringern.

Böen

Beim Starkwindsegeln erlebt man häufig, daß der Wind Stärke und Richtung ändert. Eine heftige Böe reißt dir schnell das Rigg aus den Händen, falls du nicht darauf vorbereitet bist. Eine Sturmböe läßt sich jedoch leicht erkennen: sie zieht ihre Spur als dunkler, stark gekräuselter Fleck auf dem Wasser. Wenn du also eine kommen siehst, hast du zwei Möglichkeiten, Paroli zu bieten. Die erste Methode besteht darin, das Segel aufzufieren und die Böe abzuwettern. Die zweite ist eine gute Renntechnik und ermöglicht dir, den zusätzlichen Winddruck in ein Plus an Geschwindigkeit umzusetzen.

Entweder: Du fierst das Segel mit der Segelhand auf und bringst dein Gewicht über die Brettmitte. Halte den Mast dicht am Körper und warte ab, bis die Böe vorüber ist.

Oder: Du lehnst dich mit gestreckten Armen weiter zurück, und die Hüfte kommt noch ein bißchen tiefer. Läßt der Winddruck wieder nach, zieh die Knie an und komm wieder hoch.

Gleiten

Bei mehr als Windstärke 3 kannst du sehr hohe Geschwindigkeiten erzielen, indem du das Brett über die Wasseroberfläche gleiten läßt. Damit das Brett nicht zu tief eintaucht und durch das Wasser pflügt, muß es völlig ausgeglichen und waagerecht im Wasser liegen. Dafür mußt du es so trimmen wie auf der vorhergehenden Seite beschrieben. Um festzustellen, ob du nun gleitest oder nicht, schaust du hinter das Brett. Eine glatte Fläche zwischen Heck und Kielwasserwelle zeigt, daß du gleitest.

Brett verdrängt: Heckwelle klebt am Brett.

Brett gleitet: Heckwelle ist losgelöst.

Das Schwert einklappen

Bei Schwachwind ist und bleibt das Schwert auf allen Kursen voll ausgeklappt. Dahingegen wird das Brett bei Starkwind auf manchen Kursen wesentlich schneller und manövrierfähiger, wenn das Schwert nicht ganz ausgefahren ist. Aus diesem Grund sind mittlerweile alle Bretter jüngeren Datums mit einem teilweise oder voll versenkbaren Schwert ausgestattet.

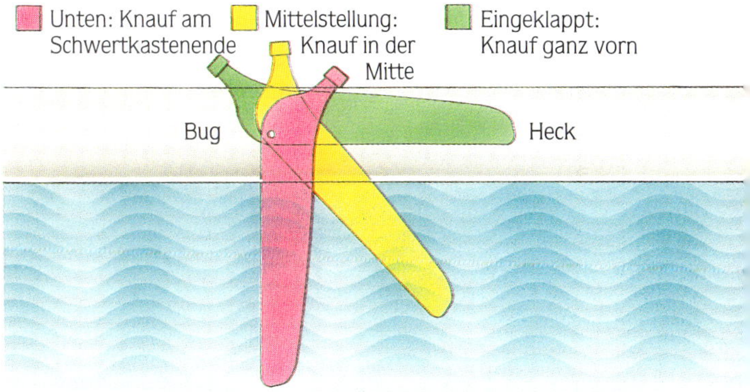

Du kannst das Schwert auch während der Fahrt durch Druck mit dem Fuß auf den Schwertknauf einklappen.

Wie funktionieren Schwertkastenpositionen?

Hart am Wind: Schwert voll ausgeklappt.

Hart am Wind bei Starkwind: Schwert halb ausgeklappt

Beim Hart-am-Wind-Kreuzen versucht der Wind, das Board rück-und seitwärts zu verschieben. Um maximalen Lateraldruck zu garantieren, bleibt das Schwert voll ausgeklappt.

Bei starkem Wind läßt der Druck auf dem Schwert das Brett seitlich aufkanten. Bring das Schwert auf Mittelstellung, um das zu vermeiden.

Direkt am Wind: Schwert eingeklappt.

Auf Halbwind bei hohem Tempo und rauhem Wasser: Schwert halb ausgeklappt.

Auf Vorwindkurs gibt es keinen Lateralschwerpunkt. Durch Wegklappen des Schwerts reduzierst du den Wasserwiderstand – das Brett wird besser steuerbar.

Auf Raumschot oder Halbwind kann das Schwert ganz oder zumindest teilweise eingeklappt werden. Das hängt ab von Geschwindigkeit und Wellengang.

Mastschiene und Fußschlaufen

Die meisten Allround-Boards haben eine Mastschiene und ermöglichen so das Wechseln der Mastfußposition. Auch sind sie mit Fußschlaufen ausgestattet, die dir besseren Halt auf dem Brett ermöglichen. Obwohl du sie bei Schwachwind nicht benötigst – ab Windstärke 4 haben sie großen Einfluß auf deine Geschwindigkeit und Fahrweise. Deshalb ist es sehr praktisch zu wissen, wie man sie benützt.

Was bewirkt die Mastfußposition?

Hast du den Mastfuß ganz vorn in der Schiene, drückt das Gewicht des Riggs den Bug tiefer ins Wasser. Das ist auf Kreuzkursen sehr nützlich, da es in Kombination mit dem Schwert den Lateralschwerpunkt verbessert.

Mastfuß vorn: bessere Fahreigenschaften am Wind.

Ziehst du den Mast ganz nach hinten, steigt der Bug aus dem Wasser. Das reduziert auf raumen Kursen die benetzte Fläche des Brettes und somit den Widerstand. Das Brett kommt schneller ins Gleiten.

Mastfuß hinten: mehr Geschwindigkeit auf raumen Kursen.

Das Benützen der Mastschiene

Die meisten Mastschienen funktionieren mittels Drücken eines Fußpedals. Das löst den Mastfuß.

Jetzt lehn dich nach vorn. Mit deinem Gewicht auf dem Rigg und dem Knie am Mast rutscht der Mastfuß vor.

In der anderen Richtung ziehst du das Rigg einfach am Gabelbaum zu dir her.

Ist die Schiene schwergängig, greif mit der Masthand den Mast und zieh dort mit.

Fußschlaufen

Bei Starkwind, insbesondere bei Kabbelwasser oder Wellen sind Fußschlaufen ein Muß, um die Füße auf dem Brett halten zu können. Zudem erreichst du durch konstantes Positionhalten der Füße bessere Kontrolle und Hebelwirkung auf dem Board. Nützlich aber sind sie nur, wenn das Brett gleitet. Bei niedrigeren Geschwindigkeiten stehen deine Füße dann falsch; das Brett kommt aus dem Gleichgewicht, und das Heck taucht unter Wasser. Wie viele Fußschlaufen an welchen Stellen angebracht sind, hängt von Board-Typ und -Hersteller ab. Das Bild rechts zeigt eine gängige Formation auf einem Allround-Board und erklärt, wann du sie benützen solltest.

Hintere Fußschlaufen: Normalposition für vorderen und hinteren Fuß. Beste Position für Starkwind-Halsen (S. 28–29) und Fußsteuerung, da das Körpergewicht so über dem drehenden Teil des Bretts zentriert ist.

Vordere Schlaufen: Für etwas weniger Wind, bzw. als »Einsteiger-Schlaufen« geeignet.

Kenterschlaufe: auf Hart-am-Wind-Kursen, wenn der Lateral-Druckpunkt am stärksten ist. Wird nur benutzt, wenn der Mastfuß in der vordersten Position ist; nur für den vorderen Fuß.

Einstellung der Fußschlaufen

Die Fußschlaufen müssen korrekt angepaßt werden. Man hat sich schnell den Knöchel gebrochen, wenn sie zu locker sind und der Fuß durchrutschen kann oder zu fest, und der Fuß eingeklemmt wird. Stell beim Fixieren deinen Fuß so, daß die Zehen gerade hervorschauen und der Fuß sicher, aber bequem steht. Daß die Schlaufe nicht zu eng ist, kontrollierst du, indem du ein Bein in der Schlaufe hast, mit dem zweiten über das Brett auf die andere Seite steigst. Jetzt müßtest du problemlos den leicht verdrehten Fuß aus der Schlaufe ziehen können.

Der Tritt in die Schlaufe

Surfe so schnell es geht auf Raumschot, die Füße nicht in den Schlaufen. Achte darauf, daß dein Schwert völlig eingeklappt ist.

Geh jetzt mit dem vorderen Fuß in die vordere Schlaufe; der hintere Fuß bleibt noch frei, um das Brett im Gleichgewicht zu halten.

Darauf rutscht auch der hintere Fuß in die passende Schlaufe. Geht das Heck dabei unter, setz ihn so weit nach vorn, bis du wieder Tempo hast.

Die gleiche Bewegungsfolge gilt für das Benützen der hinteren Schlaufen. Hierzu muß du aber schon sehr schnell unterwegs sein.

Hart am Wind

Auf diesem Kurs kommt der vordere Fuß in die Kenterschlaufe, das hintere Bein bleibt frei. So haltst du besser das Gleichgewicht und hinderst das Brett am Aufkanten (siehe S. 20).

Fußsteuerung

Auf raumen Kursen mit weggeklapptem Schwert kannst du in der Gleitphase das Brett mit Gewichtsverlagerung steuern. Hart am Wind mit ausgefahrenem Schwert funktioniert das nicht. Probier mal – wie unten beschrieben – einen S-Kurs zu surfen, indem du dich wie ein Motorradfahrer in die Kurve legst.

Checkliste

Zusammenfasssung der Starkwind-Positionen von Schwert und Mastfuß:

AM WIND

Schwert: unten

Mastfuß: vorn

HALBWIND

Schwert: Mittelstellung

Mastfuß: Mitte – hinten

VORWIND

Schwert: eingezogen

Mastfuß: vorn – Mitte

Das Trapez

Surfen bei Starkwind geht ungemein in die Arme. Ein Trapez nimmt dir durch Übertragen des Gewichts auf Beine und Rücken den Zug aus den Händen. Du brauchst die Arme dann nur noch, um die Segelstellung zu korrigieren.

Trapezformen

Es gibt drei Typen:
Brusttrapez
Hüfttrapez
Sitztrapez

Brusttrapez

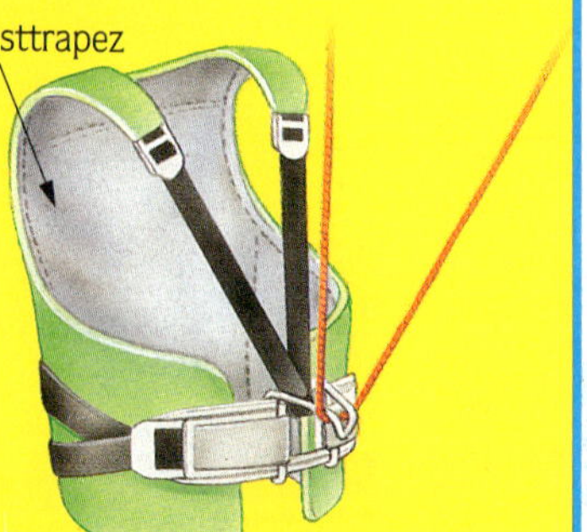

Das Brusttrapez ist einfach zu benützen, hat etwas Auftrieb und einen hohen Haken, der leicht auszulösen ist. Die untere Rückenpartie wird aber wenig entlastet.

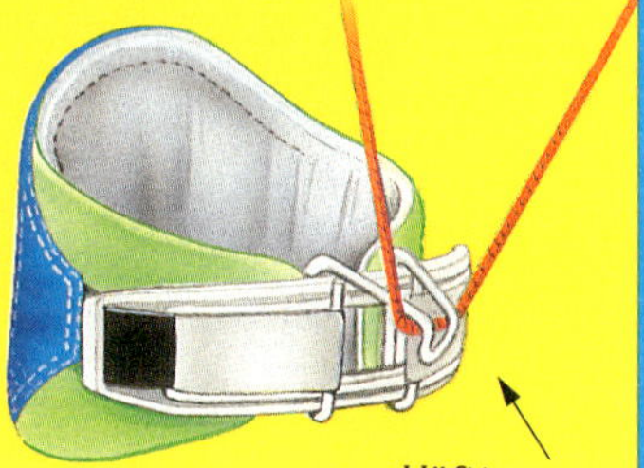

Hüfttrapez

Das Hüfttrapez ist die einfachste Ausführung. Es ist leicht und gestattet volle Bewegungsfreiheit, rutscht jedoch oft nach oben.

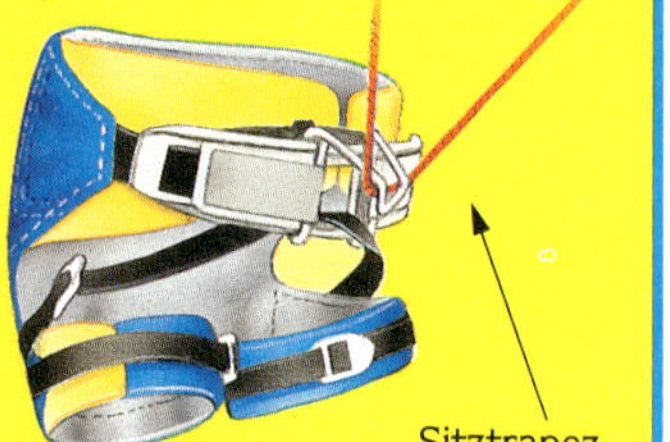

Sitztrapez

Das Sitztrapez ist am wirksamsten. Das meiste Gewicht wird von den Füßen getragen, und die Hüfte ist praktisch völlig entlastet. Es erlaubt, mit dem ganzen Körpergewicht das Rigg zu kontrollieren.

Ein Trapez kaufen

Das wichtigste bei der Auswahl eines Trapezes ist die Paßform. Probiere es vor dem Kauf unbedingt an. In den Surf-Shops hängen oft Gabelbaum-Attrappen von den Wänden, an die du dich hängen kannst. Welchen Typ von Trapez du auch auswählst, achte auf folgende Punkte:

★ Tiefer Rücken, um die Bandscheiben zu unterstützen.

★ Gleithaken (spreizt das Trapez) sollte mindestens 25 cm lang sein.

★ V-förmiger Sicherheitshaken, der ein Verheddern des Trapeztampens (Schnur) verhindert.

★ Quick-release-System (Schnellverschluß) für Notfälle.

★ Steife Trapeztampen (z.B. mit Plastik-Schlauch überzogene, dünne Nylonschnüre) schließen ein Verdrehen der Tampen aus.

Anpassen von Trapeztampen

Ein Trapez nützt nur etwas mit korrekt positionierten Trapeztampen. Wenn sie nicht richtig sitzen, ist das Rigg schwerer zu kontrollieren und kraftraubender zu halten.

Stell das Rigg aufrecht auf den Boden und drück deinen Fuß gegen den Mastfuß. Du stehst zum Rigg, als würdest du auf Halbwind surfen.

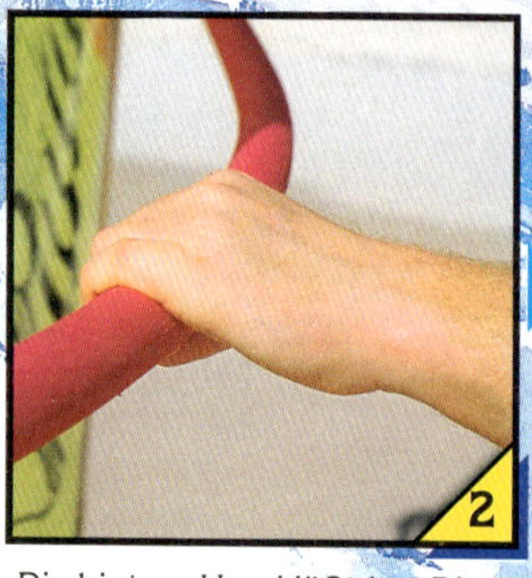

Die hintere Hand läßt los. Die vordere Hand gleitet am Gabelbaum entlang und sucht den Punkt, an dem das Rigg ausbalanciert ist (siehe S. 18 unten).

Trockentraining

Es bringt sehr viel, Techniken wie das Trapezfahren vorher an Land zu üben. Man fühlt sich dann vertrauter und muß nicht immer zweimal schauen, ob man ein- oder ausgehängt ist.

Du stehst mit dem Rücken zum Wind, Gesicht zum Segel. Die Hände greifen außen neben den Tampen.

Laß den Tampen durch Ziehen am Gabelbaum zu dir schwingen. Schieb gleichzeitig die Hüften nach vorn, damit der Haken über den Tampen kommt.

Lehn dich zurück, bis deine Arme fast gestreckt sind. Das Trapez sollte jetzt dein Gewicht tragen. Wenn nicht, sind die Tampen zu lang.

Sobald du dich an das Gefühl des Zurücklehnens gewöhnt hast, häng dich wieder aus. Dazu ziehst du den Gabelbaum noch einmal zu dir her, bis der Tampen aus dem Haken rutscht.

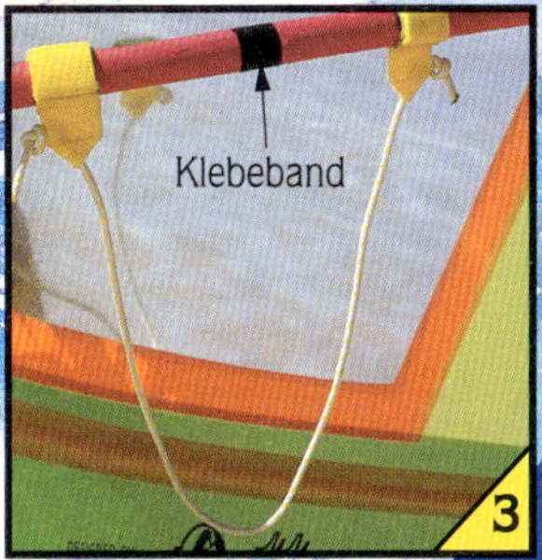

Markiere diesen Punkt und befestige die Trapeztampen etwa schulterbreit links und rechts davon. Die meisten Tampen haben dafür ein Klettverschlußband.

Überprüfe diese Position, indem du eingehängt beide Hände vom Gabelbaum läßt. Du solltest so das Rigg für kurze Zeit nur am Haken halten können, ohne daß es seitlich abkippt.

Zum Schluß: Stell die Tampenlänge ein. Am bequemsten ist es, wenn du eingehängt mit fast ausgestreckten Händen den Gabelbaum greifen kannst.

Wann benützt man ein Trapez?

Bevor du ein Trapez benützt, solltest du schon bei Windstärke 4 (siehe S. 58) surfen können. Falls die Tampen reißen, mußt du gut genug sein, um ohne Trapez heimzukommen. Verzichte auf das Trapez bei Vorwind-Kurs, da du die Böen nicht rechtzeitig siehst (siehe S. 21). Häng dich immer aus vor einem Richtungswechsel oder Stopp, sonst katapultiert es dich vornüber.

Beachstart und Wasserstart

Beach- und Wasserstart sind zwei Arten des »Segelsetzens«, bei denen du dich nicht erst an die Startschot hängen mußt. Das Beherrschen dieser Techniken erleichtert das Surfen in stärkeren Winden.

Der Beachstart

Hier steigst du aus seichtem Wasser direkt auf dein Brett. Das ist weniger ermüdend als Segelaufholen, und man kommt am Meer viel besser durch die Uferbrandung. Zum Üben brauchst du einen möglichst flach abfallenden Sandstrand mit Wind parallel zur Küste (sideshore). Du kannst jede Art Brett mit versenkbarem Schwert verwenden. Wenn du den Kniff heraus hast, kannst du das auch auf kürzeren Brettern ohne Schwert probieren. Laß zunächst das Schwert nur eingezogen.

Verbinde Brett und Rigg. Leg das Brett mit der Spitze in Richtung Wasser, den Mast genau entgegengesetzt nach hinten.

Du stehst auf der Luvseite, hebst das Rigg hoch und hältst es dann mit der vorderen Hand am Mast über dem Gabelbaum.

Mit der hinteren Hand nimmst du das Board an der Kante oder besser an der Schlaufe und schiebst es in knietiefes Wasser.

Auch die hintere Hand greift die Gabel. Du bringst das Brett mit dem Fuß in die richtige Halbwindposition.

Stell den hinteren Fuß auf die Mittellinie. Die Masthand geht an die Gabel, dicht am Mast, fertig zur Abfahrt.

Streck die Arme durch, dann zieh sie ruckartig ein bißchen an, damit sich das Segel mit Wind füllt.

Steig jetzt auch mit dem vorderen Fuß aufs Brett, nahe beim Mastfuß. Und schon kann's losgehen.

Verlagere dein Gewicht schnell auf den vorderen Fuß und neige den Mast nach vorn, um ein wenig abzufallen.

Problem-Box

Problem: Du schaffst es nicht, loszusurfen.

Lösung: Wenn du die Arme streckst, dann so weit wie nur irgend machbar, um das Rigg mit Wind zu füllen und dadurch größtmöglichen Druck auf das Brett übertragen zu können.

Problem: Du bekommst das Brett nie dicht genug heran, um deinen Fuß darauf zu stellen.

Lösung: Achte darauf, mehr von hinten als von der Seite auf das Brett zu steigen und das Segel wirklich hoch genug zu halten.

Problem: Das Brett dreht in den Wind, sobald nur ein Hauch von Druck darauf kommt.

Lösung: Der hintere Fuß muß auf der Mittellinie sein; beim Aufsteigen mit dem vorderen Fuß solltest du nicht unbedingt dein ganzes Gewicht nach hinten ans Segel hängen, sondern versuchen, Druck auf den Mastfuß zu geben.

Der Wasserstart

Mit dem Wasserstart kommst du auch im tiefen Wasser auf das Brett, ohne das Segel aufholen zu müssen. Wie beim Beachstart kannst du sehr viel Kraft sparen, indem du dir vom Wind helfen läßt. Wenn du mit einem kurzen Brett bei Starkwind surfen willst, mußt du den Wasserstart beherrschen, da das Segelaufholen auf einem kurzen Brett nahezu unmöglich ist. Ideale Bedingungen für den Wasserstart sind Windstärken um 4 bis 5.

In brusttiefem Wasser zeigt deine Brettspitze in den Wind, das Rigg liegt im rechten Winkel dazu und das Achterliek im Lee (wie oben abgebildet).

Schwimm vor den Mast und ergreife ihn oberhalb der Gabel mit der Masthand; die andere Hand benützt du zum Schwimmen.

Heb den Mast so weit aus dem Wasser, daß der Wind unter das Rigg greifen kann. Inzwischen bist du direkt unter dem Segel.

Faß mit beiden Händen an die freischwebende Gabel und richte den Mast weiter auf; halte das Segel dabei weiter im rechten Winkel zum Wind.

Das Brett fällt jetzt ab, dadurch kommst du näher heran. Leg nun den hinteren Fuß auf das Board über die Mittellinie.

Streck deine Arme, um das Rigg so hoch wie möglich zu heben. Durch eine kräftige Schwimmbewegung des vorderen Fußes unterstützt, steigst du auf.

Wenn du das hintere Bein durchdrückst, zieht der Segeldruck das zweite Bein auf das Board nach – wieder über die Mittellinie.

Schnell verlagerst du noch dein Gewicht nach vorn, gehst in die normale Segelposition und fällst dabei ab vom Wind.

Problem-Box

Da der Wasserstart nur einen Beachstart in tieferem Wasser darstellt, bieten beide meistens die gleichen Fehlerquellen. Deshalb findest du einschlägige Tips auf der linken Seite.

Problem: Das Gabelbaumende hängt im Wasser fest.

Lösung: Häng dich kurz ans Rigg, bzw. zieh den Mast in Richtung Wind.

Segelstellung

Es kommt immer wieder vor, daß das Segel auf der falschen Brettseite liegt, also in Luv oder in einer anderen Richtung. In letzter Not könntest du auf dem entgegengesetzten Bug lossegeln und später wenden. Wenn das wegen eines Hindernisses unmöglich ist, mußt du schwimmend das Rigg auf die andere Seite ziehen. Es gibt da aber auch Tricks, wie man sich die Arbeit erleichtert.

1. Halte das Heck des Boards in der einen Hand, die andere hebt das Gabelbaumende aus dem Wasser, der Wind bläst darunter und dreht das Rigg um.

2. Sobald das Rigg abhebt, gib den Gabelbaum frei und laß das Segel nach Lee in die gewünschte Position umschlagen.

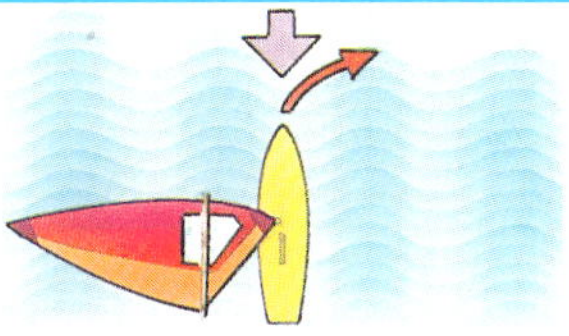

Start nach Backbord: Das Rigg muß links vom Brett liegen.

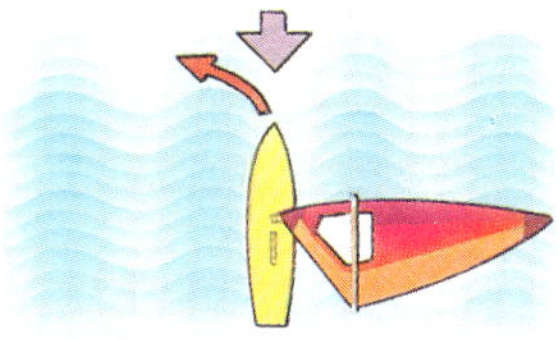

Start nach Steuerbord: Das Rigg muß rechts vom Brett liegen.

Starkwind-Halsen

Auf S. 23 wird beschrieben, wie man das Brett mit den Füßen statt mit dem Segel steuert. Bei Starkwind kannst du noch weiter gehen. Du halst, indem du nur mit deinen Füßen die Brettdrehung ausführst und am Ende des Manövers einfach das Segel auf die andere Brettseite schlagen läßt. Diese Halsen lassen sich aber nur bei mindestens Windstärke 4 realisieren, wenn du ein Maximum an Geschwindigkeit erreicht hast.

Übe Powerhalse, Duckjibe und Slamjibe (zunächst) in Flachwasser mit einem völlig versenkten Schwert. Bevor du mit der Halse beginnst, schau dich nochmal um, damit du Zusammenstöße mit anderen vermeidest.

Die Powerhalse

Du beginnst auf raumem Kurs in einer hinteren Fußschlaufenposition. Jetzt hängst du dich aus dem Trapez aus und lehnst dich etwas vom Wind weg. Nun nimmst du eine aufrechtere Stellung ein, Schwerpunkt über der Brettmittellinie.

Nimm deinen hinteren Fuß aus der Schlaufe und drück damit die Leekante ins Wasser. Wenn du jetzt drehst, drück beide Knie in Richtung Leekante. Dein Oberkörper sollte aufrecht sein, die Segelhand fiert auf.

Die Duckjibe

Du beginnst die Duckjibe wie Punkt 1 und 2 der Powerhalse. Dann aber rutscht die Masthand in Richtung Gabelbaumende.

Nun halte das Rigg weiter aufrecht, während das Brett durch den Wind dreht und den neuen Raumschotkurs erreicht. Du wirst eine Menge Druck an der hinteren Hand bemerken.

Wenn der Druck zunimmt, greif mit der hinteren Hand vor zum Mast und geh mit dem vorderen Fuß aus der Schlaufe. Halte den Mast möglichst dicht, während das Segel vorn über den Bug dreht.

Du hältst weiter mit der hinteren Hand den Mast fest, die vordere Hand läßt jedoch den Gabelbaum los. Zieh das Rigg nach vorn in Richtung Wind und greif den Gabelbaum mit der neuen hinteren Hand (Segelhand).

Wenn du nun weitersurfst, greif auch mit der vorderen Hand (Masthand) den Gabelbaum und bereite dich auf einen plötzlichen Zug im Segel vor, indem du dich nach hinten legst. Wenn du wieder Geschwindigkeit aufgenommen hast, gehst du mit den Füßen wieder in die Schlaufen.

Laß den Gabelbaum mit der Masthand los. Das Rigg schwingt sofort nach Lee durch, und du greifst den Gabelbaum mit der Masthand erneut hinter der Segelhand.

Laß die Segelhand los und zieh – das ist entscheidend – das Rigg mit der Masthand so kräftig wie möglich über die Schulter zur Kurvenaußenseite.

Die alte Segelhand greift nun auf der neuen Seite (Bug) den Gabelbaum, die alte Masthand folgt. Momentan steht das Rigg quasi schwerelos in der Luft.

Du holst erneut das Segel dicht auf neuen Kurs. Schließlich und endlich wechselst du die Fußstellung und gehst wieder in die Schlaufen.

Die Slamjibe

Auch hier gelten die ersten zwei Schritte der Powerhalse. Nun verlangsame das Tempo und fiere das Segel leicht auf.

Das vordere Bein bleibt fast gestreckt, das hintere gebeugt; plötzlich und energisch verlagerst du all dein Gewicht in Richtung Heck. Das Brett dreht wie auf einem Teller.

Während der schnellen Drehung segelst du mit Achterliek voraus. So mußt du nur noch die Segelhand loslassen, und das Rigg schwingt von allein herum.

Damit das Brett nicht zu weit in den Wind dreht, steig wieder schnell nach vorn und hole dicht, den Mast nach vorn geneigt.

Grundlagen des Freestyle

Freestyle bedeutet: Tricks auf dem Surfbrett »zaubern«. Hier findest du ein paar einfache Tricks, die mit ein bißchen Übung schnell gelernt sind. Die folgenden Seiten fordern dich dann schon mehr, und führen schließlich zu »heißen Stunts«. Der Schwierigkeitsgrad wird durch die Anzahl der Sterne neben dem Titel angezeigt. Ein Stern bedeutet einen Einsteigertrick, zehn Sterne sind die Herausforderung.

Ausrüstung

Das beste Brett für Freestyle ist groß, lang, mit breiten Kanten und viel Volumen (s. S. 46). Robust sollte es sein, um Schäden zu vermeiden, mit nicht zu rauher Standfläche, damit Füße und Gelenke nicht immer gleich aufgescheuert werden. Ideale Eigenschaften hat ein Polyäthylenbrett, denn es ist gleichzeitig schlagfest und weich (s. S. 47). Das Rigg sollte leicht und mit kurzem Gabelbaum sein, der Manövrierfähigkeit halber (s. S. 48). Ein nicht durchgelattetes Segel ist am handlichsten.

Bekleidung

Übe am Anfang immer mit Anzug, das schont die Schienbeine. Reicht dir das nicht, besorge dir spezielle Schienbeinschützer. Verzichte aber auf das Trapez, und entferne die Trapeztampen an der Gabel – es macht dich zu unbeweglich.

Wetterbedingungen

Die meisten Übungen gehen am besten bei Windstärke 2–3 und ruhigem Wasser von der Hand. Manche Gags wie der Head Dip brauchen schon mal eine stärkere Böe. Aber sollten irgendwelche Tricks ganz besondere Bedingungen benötigen, wird im einzelnen darauf hingewiesen.

Achterliek voraus ★★

Der Gag dieser Übung ist es, normal vorwärts zu surfen, aber das Rigg mit dem Gabelbaumende nach vorn zu halten.

1. Du bist auf Raumschot, neigst das Rigg nach vorn, greifst mit der Masthand ans Baumende und läßt die Segelhand los.

2. Der Mast schwingt nun weg von dir, und du greifst mit der Segelhand die andere Gabelbaumseite, möglichst nahe am Mast.

3. Auch die Masthand läßt jetzt den Gabelbaum auf der alten Seite los und nimmt auf der neuen Seite zusammen mit der Segelhand eine normale Griffposition ein, nur eben mit Achterliek voraus.

Zurück zur Ausgangsstellung: Geh über in eine normale Halse (S. 17).

Rücken zur Gabel ★★

Hierbei drehst du dich, auf der Luvseite bleibend, um 180°, so daß du mit dem Rücken zum Gabelbaum weitersurfst.

1. Auf Halbwind läßt du das Segel mit der Segelhand los, bis es im Wind flattert. Man nennt das Flatternlassen »killen«.

2. Die Segelhand rutscht jetzt am Gabelbaum ganz nach vorn. Mit der Masthand läßt du aus, Gesicht zum Wind.

3. Zieh den Mast leicht nach Luv und greif mit der alten Masthand den Gabelbaum hinter dir.

4. Die neue Masthand geht jetzt an den Mast, und mit gestreckten Armen lehnst du dich nach vorn.

Zurück zur Ausgangsstellung: Das gleiche Spiel einfach rückwärts.

Liegend auf dem Brett ★★★

Der Trick besteht darin, während des Segelns am Rigg entlang nach unten zu rutschen, bis du auf dem Brett zum Liegen kommst.

1. Auf Vorwindkurs, die Hände ganz normal am Gabelbaum, gehst du erst in die Hocke und setzt dich dann hin.

2. Du bleibst am Vorwindkurs. Falls die Beine im Wasser schleifen, zieh sie heraus und streck sie nach vorn, die Knie etwas angewinkelt.

3. Den Gabelbaum hältst du nach wie vor mit ausgestreckten Armen, damit Druck im Segel bleibt, doch nun legst du dich ganz zurück aufs Brett.

Zurück zur Ausgangsstellung: Setz dich auf, die Beine schleifen wieder im Wasser, und die Hände greifen erneut den Gabelbaum. Stell erst einen Fuß auf das Brett, dann den anderen; mit einem Ruck am Segel stehst du auf.

Der Head Dip ★★★

Head Dip bedeutet, daß du während der Gleitfahrt den Kopf nach hinten überstreckst und das Wasser berührst. Du brauchst mindestens Windstärke 3, ansonsten kommst du nach dem Eintauchen nicht mehr hoch über das Brett.

1. Auf einem Amwindkurs lehnst du dich so weit wie möglich zurück nach Luv und bildest mit dem Körper eine Brücke.

2. Um nun tatsächlich mit den Ohren Wasserkontakt zu erhalten, beuge deine Knie so richtig durch und streck die Arme, um weiter Druck im Segel zu haben. Das alles beachtet, sollte dein Hinterkopf eigentlich schon längst ins Wasser geklatscht sein.

Zurück zur Ausgangsstellung: Sobald nun der Kopf das Wasser berührt, schieb die Knie weit über das Brett, zieh kräftig am Rigg und streck im letzten Moment die Beine, um aufzustehen.

Die Pirouette ★★★

Unter der Pirouette – wie der Name schon sagt – versteht man eine 360°-Drehung um die Körperachse. Bevor du dich an den eigentlichen Kreisel wagst, versuche diese zwei Vorübungen.

1. Auf Halbwind und Flachwasser fierst du das Segel auf, bis es killt.

2. Zieh den Mast nach Luv, dann drück ihn mit der Masthand weg von dir und laß mit beiden Händen los. Warte, bis das Segel ins Wasser zu fallen droht und fang es kurz vorher am Gabelbaum wieder auf. Wenn du das sicher beherrschst, dann kannst du die Pirouette mit einbauen:

3. In dem Moment, in dem du den Mast nach vorn wirfst, drehst du dich über den Bug nach Luv um 360°.

4. Ist die Drehung beendet, greifst du sofort mit beiden Händen die Gabel und surfst lässig weiter.

Auf der Kante

Wenn du ein paar der auf den vorangegangenen Seiten beschriebenen Tricks beherrschst, dann fühlst du dich wohl auch kompetent genug, dich auf die höheren Weihen einzulassen. Im folgenden findest du ein sehr beliebtes und aufregendes Manöver, das Kantensurfen. Auf der nächsten Seite geht's dann weiter mit drei verdrehten Variationen.

Kantensurfen ★★★

Das Kantensurfen nennt man so, weil du das Brett auf die Seite drehst und auf der Kante reitend über die Wasseroberfläche pflügst. Man holt sich ziemlich leicht blaue Flecken beim Lernen dieses Tricks. Deshalb ist es keine schlechte Idee, einen Anzug mit langen Beinen anzuziehen, bis man den Hebel begriffen hat. Klapp dein Schwert voll aus und achte unbedingt darauf, daß dein Mastfuß fest sitzt, bevor du loslegst. Ideale Bedingungen sind Windstärke 3 und ruhiges Wasser.

Zurück zur Ausgangsstellung: Stell deinen vorderen Fuß zurück auf das Schwert und drück es hinunter. Wenn das Brett wieder in die normale Lage fällt, plaziere erst das hintere, dann das vordere Bein auf dem Board. Das Ganze sollte möglichst zügig ausgeführt werden, damit du die Balance nicht verlierst und auf einem geraden Kurs bleibst.

Hast du das Kantensurfen erst gelernt, sieht es bald so professionell aus wie rechts im Bild. Du kannst lernen, es mit anderen Freestyle-Techniken zu verbinden. Einige der beliebtesten Kombinationen findest du auf der nächsten Seite.

Du surfst am Wind und schiebst den hinteren Fuß zur Leekante des Boards. Verlagere den Druck auf dieses Bein und lehn dich ein bißchen zurück.

Geh leicht in die Hocke und hake den vorderen Fuß unter die Luvkante. So kannst du das Brett auf die Kante hebeln. Bei jedem Versuch ziehst du das Brett einfach höher zur Seite.

Zieh die Luvkante nach oben, bis sie am Mast anschlägt. Gleichzeitig rutscht der vordere Fuß auf das Schwert; die Innenseite des hinteren Beins liegt auf der Kante.

Du versuchst, so viel Druck wie möglich zu halten und verlagerst dein Gewicht auf den vorderen Fuß, stehst auf und ziehst das hintere Bein nach.

Wenn du dich in dieser Stellung sicher fühlst, geh auch mit dem vorderen Bein auf die Kante. Halte die Knie abgewinkelt und den Schwerpunkt tief. Schon reitest du auf der Kante.

Auf der Kante Heck voraus ★★★★★

Hast du das normale Kantensurfen einmal gelernt, ist diese Fortsetzung relativ simpel nachzuvollziehen und darüberhinaus ein Riesenspaß.

1. Aus der normalen Segelposition hart am Wind steigst du um den Mast und hältst das Rigg so, daß das Brett sich nicht dreht. Theoretisch könntest du jetzt mit Heck voraus lossurfen.

2. Sobald aber das Brett sich zu bewegen beginnt, stellst du wie auf der vorigen Seite beschrieben das Brett auf die Kante.

3. Das Brett wird sofort versuchen, in den Wind zu schießen – also muß du den Mast weit nach vorn neigen.

Zurück zur Ausgangsstellung: Du läßt das Brett ins Wasser kippen, wie auf S. 32 erklärt, und machst erneut in entgegengesetzter Richtung einen Schritt um den Mast. Paß auf, daß das Brett nicht dreht. So kommst du automatisch in die ursprüngliche Ausgangsstellung zurück.

Auf der Kante Achterliek voraus ★★★★★★

Das ist, wie der Name sagt, die Verbindung vom Kantensurfen mit der Achterliek-voraus-Technik von S. 30. Du solltest dich nicht an diese Kombination wagen, bevor du nicht beide Teile für sich beherrschst.

1. Geh auf Achterliek-voraus-Position. Halte das Gabelbaumende leicht nach unten. Das wird dir helfen, beim nächsten Teil des Manövers das Gleichgewicht zu halten.

2. Drück das Brett auf die Kante, die Knie gebeugt und den Körperschwerpunkt so niedrig wie sonst auch.

Zurück zur Ausgangsstellung: Laß das Brett wieder ins Wasser fallen, geh über in eine Halse und fahre auf neuem Bug normal weiter.

Head Dip auf der Kante ★★★★★★

Dieses Manöver kombiniert den Head Dip (S. 31) mit dem Kantensurfen in einer Technik, die Gleichgewicht, Gelenkigkeit und Nerven erfordert. Die notwendige Überdehnung, die du brauchst, um von der Kante mit dem Kopf ins Wasser zu kommen, ist noch größer als beim normalen Head Dip. Du mußt halt üben, wenn du es beim ersten Mal nicht schaffst.

1. Plaziere die Füße auf der Kante wie beim gewöhnlichen Kantensurfen.

2. Beug deine Knie und mach ein Hohlkreuz.

3. Streck die Arme voll durch, um das Segel aufrecht zu halten.

Zurück zur Ausgangsstellung: Zieh fest am Gabelbaum und streck deine Beine, um wieder auf der Kante zu stehen. Dann laß das Brett wie gewohnt ins Wasser fallen.

Freestyle für Fortgeschrittene

Hast du die vorangegangenen Seiten im Repertoire, dann solltest du dein Können mit den folgenden Übungen aufstocken. Hier findest du drei der beeindruckendsten Freestyle-Manöver, die im Laufe der Zeit erfunden wurden: Felgaufschwung am Gabelbaum, Body Drag und Duckspin Tack (engl. tack = Wende). Letztere versuchst du am besten in zwei Teilen, als Duck Tack und Spin Tack getrennt.

Felgaufschwung am Gabelbaum ★★★★★★★★★

Diese Technik ist ziemlich beeindruckend, aber auch sehr schwierig zu beherrschen. Du mußt sehr schnell sein und vor allem das Kinn ganz auf die Brust drücken, um dir den Kopf nicht anzuschlagen.

1. Segle langsam auf Halbwind. Schau den Gabelbaum an und plaziere die Hände so, daß dein Körper bequem dazwischen Platz hat.

2. Halte das Segel während des Felgaufschwungs so aufrecht wie möglich und zieh die Beine nahe an den Körper. So bleibst du nicht am Segel hängen.

3. Versuche mit beiden Beinen auf dem Board zu landen, dann kannst du sofort weitersurfen.

Body Drag ★★★★★

Der Body Drag ist das einzig Wahre, um sich an einem heißen Tag abzukühlen. Du läßt dich dabei aus voller Gleitfahrt ins Wasser fallen und ein paar Sekunden hinterherschleifen, bevor du wieder aufsteigst. Windstärke 5 ist genau richtig hierfür.

1. Segle auf Halbwind so schnell du kannst. Falls du in den Fußschlaufen stehst, geh heraus.

2. Laß zuerst den vorderen Fuß ins Wasser fallen, mit den Zehen in Richtung Heck.

3. Dein Bein wird sofort nach hinten gerissen. Sobald das passiert, drück das hintere Bein durch und verlagere dein Gewicht über die Masthand auf den Mastfuß sowie auf das vordere Bein im Wasser.

4. Jetzt steigst du auch mit dem hinteren Bein ins Wasser. Schon läßt du den voll durchgestreckten Körper ganz durchs Wasser gleiten.

5. Halte die Arme angewinkelt, besonders den Segelarm, um das Rigg zu kontrollieren.

Zurück zur Ausgangsstellung: Wenn du an Geschwindigkeit verlierst und einsinkst, dreh deinen Körper so, daß das Gewicht wieder auf dem vorderen Bein liegt. Heb das hintere Bein aus dem Wasser auf das Board. Zieh dich am Gabelbaum hoch und stell auch das vordere Bein aufs Brett. Schon geht's normal weiter.

Duck Tack ★★★★★

Ein Duck Tack ist eine Wende, bei der man unter dem Segel durchtaucht, anstatt – wie sonst üblich – vorne um den Mast zu laufen. Ideale Bedingung für alle drei Tacks ist Flachwasser bei Windstärke 2–3.

1. Am Wind wechselst du die Fußstellung (siehe Foto), lehnst das Rigg zurück, bis der Bug durch den Wind geht.

2. Wirf das Rigg nach vorn mit dem Mast zum Wind, duck dich und zieh das Gabelbaumende über den Kopf.

3. Tauch vollständig unter dem Segel durch und greif den Gabelbaum nahe am Mast mit der neuen Masthand und weiter hinten mit der neuen Segelhand.

4. Gib Druck auf die Segelhand, so kommt das Rigg wieder in eine richtige Position. Neige das Segel leicht nach vorn, damit du das Board ganz auf den neuen Kurs bringst.

Spin Tack ★★★★★★★

Das ist eine Pirouetten-Wende, bei der du dich während des Mast-Umlaufens um 360° drehst.

1. Du neigst auf Amwind-Kurs das Rigg nach hinten und greifst den Mast mit der Masthand unterhalb der Gabel. Die Segelhand hält die Gabel weiter bis kurz vor der Wende.

2. Sobald das Brett durch den Wind dreht, läßt die Segelhand los. Der hintere Fuß dreht in Richtung Bug vor den Mastfuß.

3. Bewege auch das vordere Bein vor den Mastfuß und laß den Mast auch mit der Masthand los. Während das Segel für einen Moment frei steht, hast du Zeit, die Körperdrehung entgegen der Brettdrehung zu vollenden.

4. Dreh auf dem vorderen Fuß und greif die Gabel von neuem mit der alten Segelhand.

5. Wenn du auf der neuen Seite angekommen bist, geh in Segelposition und surfe davon.

Duckspin Tack

★★★★★★★★★★

Dieses Manöver besteht aus einer Tauchwende (Duck Tack) mit einer integrierten 360°-Drehung des Körpers. Als Training eignen sich einzeln Duck Tack, Spin Tack und Pirouette. Übe den Bewegungsablauf an Land nur mit dem Rigg.

1. Dreh das Brett in den Wind, den Mast weit nach hinten geneigt, bis der Bug durch den Wind geht.

2. Die Segelhand wandert an der Gabel nach hinten, und du drehst dich mit dem Rücken zum Segel. Die Masthand läßt los.

3. Mit der Segelhand wirfst du zuvor das Rigg zum Wind und ziehst das Gabelbaumende scharf zu dir. Während das Segel dreht, drehst du dich darunter um 360°

4. Sobald du die Drehung vollendet hast, greif die Gabel erneut auf der anderen Seite mit der neuen Segelhand und versuch wieder in die normale Segelposition zu kommen.

Brandungssurfen

Eine der fantastischsten Möglichkeiten, die der Surfsport bietet, ist das Meistern von Wellen am Meer. Das nennt man Brandungssurfen. Um das so richtig genießen zu können, solltest du Powerhalse (S. 28–29) und Beach-und Wasserstart (S. 26–27) beherrschen. Wir zeigen dir nun ein komplettes Brandungsprogramm, damit du dich auf offener See, im Kabbelwasser und in brechenden Wellen so richtig amüsieren kannst. Auf den Seiten 38–39 sind alle Aufsteiger-und Überfliegertricks beschrieben sowie Wellenmanöver und Monstersprünge.

Equipment

Obwohl es ganz spezielle Boards und Riggs für die Welle gibt (s. S. 46–49), kannst du jedes Board mit versenkbarem Schwert und jedes halbdurchgelattete Segel verwenden. Für die Tricks auf den nächsten zwei Seiten jedoch brauchst du unbedingt eine besondere Ausrüstung. Um ein Allround-Board wellentauglich zu machen, mußt du zunächst alle scharfen Teile rundschleifen und die Festigkeit von Schlaufen und Mastfuß überprüfen. Trag immer einen Surfanzug, da er dich vor allem bei Kollisionen mit dem Brett schützt.

Bedingungen

Ideal ist ein Sandstrand und ein mäßiger Sideshore-Wind (parallel zum Ufer). Solltest du in eine Notsituation geraten, kann man dich in den Wellen vom Ufer aus sehr schlecht sehen; halte dich also im eigenen Interesse an die Sicherheitstips von S. 7. Vermeide Gefahren wie Felsen, starke Gezeiten und Strömungen und mach dich mit den Vorfahrtsregeln beim Wellensurfen vertraut (s. S. 59). Bleib um deiner eigenen Sicherheit willen immer in unmittelbarer Ufernähe.

Aufbau einer Welle

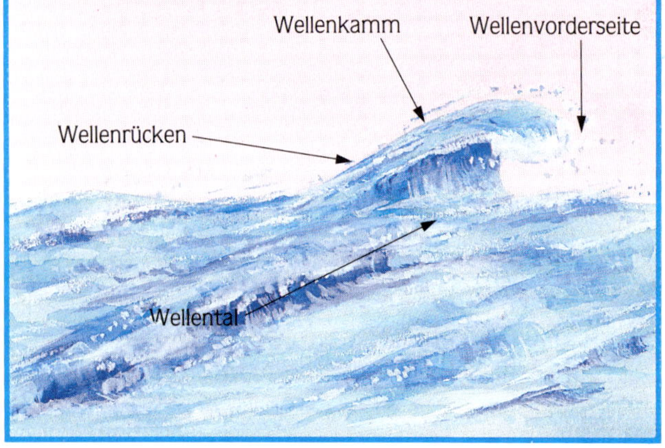

Wassern

Bevor es losgeht, beobachte den Wellenrhythmus, bis du ein Set erkennen kannst, z.B. 7 große und 3 kleine. Die kleinsten Wellen kommen meistens, nachdem sich die größte eines Sets gebrochen hat. Dann kommt man am besten aufs Wasser.

Im hüfttiefen Wasser stehst du auf der Brett-Luvseite, die Masthand greift um den Mast, die Segelhand hält das Board aus dem Wasser. Nun läßt du das Brett ins Wasser fallen und beweist, daß du den Beachstart gelernt hast (s. S. 26).

Sicheres Landen

Geh im Seichten aus den Schlaufen und spring in knietiefem Wasser (Vorsicht, Untergrund!) vom Brett. Halte den Mast beim Gabelbaum hoch, damit das Rigg nicht ins Wasser fällt. Nimm das Board an der hintersten Fußschlaufe hoch und schieb oder hebe beides aufs Trockene.

Schon in Ufernähe hängst du dich aus dem Trapez aus und läßt die Welle durch Segelfieren unter dir durchlaufen. Fährst du vor der Welle bis an den Strand, endet es sicher mit einem Sturz.

Auf offene See

Nimm so schnell du kannst Fahrt auf. Überfahre entgegenkommende Wellen am besten rechtwinklig, so daß das Brett den kleinstmöglichen Widerstand bietet.

Fiere an der Wellenvorderseite leicht auf und winkle die Knie an, um den Aufprall abzufedern. So kommst du am besten auf die andere Seite.

Kleine Hüpfer

Auf Halbwind fährst du die Welle mit viel Tempo an der steilsten Stelle an. Trifft der Bug die Wellenvorderseite, verlagerst du dein Gewicht auf den hinteren Fuß. Geh locker in die Knie, hole leicht dicht und bring am Wellenkamm dein Gewicht nach vorn. So fällt der Bug wieder hinunter.

Wellenreiten zum Ufer

Warte mit aufgefiertem Segel, bis die Welle dich von hinten einholt und hol dann dicht. Reite die Welle immer schräg ab. Du gewinnst Geschwindigkeit und hältst das Gleichgewicht.

Jetzt ist es praktisch ganz normales Surfen. Such dir eine Welle, mit der du mitreiten möchtest und bleib zunächst 5–10 m vor ihr. Vermeide anfangs Weißwasser, d. h. brechende Wellen.

Halsen Richtung Ufer

Am einfachsten kehrst du mit einer Halse in Richtung Ufer um. Es mag zunächst ein bißchen Überwindung kosten, aber die schönsten, schnellsten und auch sichersten Halsen fährst du auf der Wellenvorderseite. Der Schub der Welle dreht dich ganz von selbst.

Brandungssurfen für Fortgeschrittene

Brandungssurfen in Vollendung und irrwitzige Sprünge sind vermutlich der optisch ansprechendste und fantastischste Aspekt des Windsurfens. Um in diese Bereiche vorzudringen, mußt du dich mit einem speziell für solche Bedingungen konzipierten Waveboard anfreunden. Außerdem solltest du absolutes Vertrauen in dein Wissen über Brandungssurfen sowie die nötige Portion Mut besitzen.

Bedingungen

Ideal für das Spiel mit der Welle sind auch hier Sideshore-Winde mit mindestens Windstärke 4, steile, wenigstens einen Meter hohe Wellen und nicht zuviel Weißwasser. Natürlich bergen diese Bedingungen immer einige Risiken, deshalb solltest du über die Sicherheitstips von S. 7 und zusätzlich die unten aufgeführten Hinweise genau Bescheid wissen.

Bis man die hier aufgeführten Techniken beherrscht, muß man eine Menge Lehrgeld zahlen und viel Wasser schlucken.

Sicherheitsratschläge

1. Überprüfe dein ganzes Material, insbesondere alle Verbindungen wie Mastfuß, Schlaufen, Finne und Tampen am Rigg. Wenn die Welle dich trifft, mußt du dich auf deine Ausrüstung verlassen können.
2. Häng dich vor einem Sprung immer aus dem Trapez aus. Falls der Sprung mißlingt, mußt du dich so weit wie möglich von deinem Brett wegstoßen können.
3. Wenn du die Kontrolle über das Board verlierst, beachte folgendes:
a) Raus aus den Fußschlaufen!
b) Stoß das Rigg weg von dir!
c) Spring vom Brett weg und – wenn die Zeit bleibt – kauere dich zu einer Kugel zusammen!
d) Schwimm dann schleunigst wieder zum Brett!

Fortgeschrittenes Wellenreiten

Mit drei Techniken kannst du die Welle hinauf, hinunter und seitwärts abreiten, während sie dich uferwärts trägt.

Der Rollercoaster

Der Rollercoaster ist eine Kette von Cut Backs und Bottom Turns (s.unten), also Hinauf- und Hinunterfahren der Welle. Beim Beschleunigen des Boards auf der Wellenvorderseite verlagere dein Gewicht in Richtung Heck, um der Welle nicht davonzufahren. Beim Abreiten nach Luv drehst du dann den Bug zum Wind, um die Welle wieder hinaufzusurfen.

Der Cut Back

Eigentlich ist es nichts anderes als ein beherztes Anluven in der Steilwandkurve. Hält sich die Welle länger, kannst du es in einen Rollercoaster einbauen. Kurz bevor du den Wellenkamm erreichst, gibst du Druck auf das Heck und die Luvkante und luvst an. Sobald das Brett nach unten schießt, bringst du dein Gewicht nach vorn und bekommst so das richtige Tempo.

Der Bottom-Turn

Dieses Manöver schließt an den Cut Back unmittelbar an. Im Wellental angekommen, verlagerst du dein Gewicht auf die Leekante und legst dich wieder so richtig in die Kurve wie bei einer Halse, hältst das Segel aber dicht. Schon dreht das Brett erneut zur Welle hin, und du kannst wieder hinaufsurfen, um oben einen Cut Back in den Kamm zu »scheiteln«.

Fortgeschrittene Sprünge

Höhe, Weite und Figur des Sprunges hängen von der Steilheit der Welle und deiner Brettbeherrschung ab.

Weitsprung

Du springst ab wie im Kabbelwasser. Sobald der Bug freikommt, nimmst du das Rigg dicht und nach hinten. Gleichzeitig kauerst du dich zusammen, damit das Brett nicht senkrecht in den Himmel steigt. Das ganze Körpergewicht hängt am Gabelbaum. Um mit einem Nose Dive (Bug voraus) zu landen, ziehst du das hintere Bein noch mehr an, streckst den vorderen Fuß und bringst dosiert Gewicht auf den Mastfuß. Bei der Landung fiere das Segel auf und lehn dich nach hinten. Bei einer Hecklandung fierst du ebenfalls auf, streckst aber beide Beine fast durch und nimmst das Rigg nach hinten. Der Nose Dive ist schwieriger, aber schonender als dies.

Hochsprung

Wieder geht der Absprung gleich. Sobald nun aber das Brett in der Luft ist, hebst du mit dem vorderen Bein die Luvkante an. So benützt du die Brettunterseite als Angriffsfläche für den Wind und bekommst den nötigen Lift. Geh in die Hocke, häng dich voll an die Gabel und drück mit dem hinteren Fuß das Heck nach oben bis über den Allerwertesten. Am besten übst du zunächst Hecklandungen, denn bei diesem Sprung ist nur die Höhe wichtig, und aus dieser Haltung bietet sich das an. Allerdings, edel wäre ein guter Nose Dive schon.

Upside-Down-Sprung

Der Sprung mit der Finne Richtung Sonne. Beim Landen vollzieht sich die Bewegung rückwärts und endet in einer Hecklandung. Spring ab auf einer steilen, beinahe brechenden Welle. Wirf dich mit aller Kraft nach dem Absprung nach hinten und drück mit den Füßen das Brett nach oben, das Heck leicht in Windrichtung. Das funktioniert nur, wenn du dich wie bei einem Klimmzug an den Gabelbaum hängst und das Brett vollständig entlastest. Wenn du gut bist, berührt das Segeltop jetzt das Wasser, und du verteilst dein Gewicht wieder auf das Brett. Streck bei der Landung das hintere und beuge das vordere Bein. Bleib locker.

Problem-Box

Problem: Beim Wellenreiten oder kurz vor dem Sprung schmiert das Heck plötzlich seitwärts weg.

Lösung: Das nennt man Spin Out (physikalisch: Kavitation). Es kommt – auch im Flachwasser – vor, wenn zuviel Luft unter das Brett gerät, vor allem um die Finne herum und ihr die Führung nimmt. Du mußt das Heck entlasten oder eine bessere Finne kaufen.

Wettkampfsurfen

Die Teilnahme an Wettkämpfen, egal ob es sich um Kursrennen oder etwas anderes handelt, ist ein ausgezeichneter Weg, deine Fähigkeiten zu testen. Du kannst dir neue Ziele setzen, dich mit anderen vergleichen und den Besseren auf die Finger schauen. Außerdem ermutigt es dich, neue Wege zu gehen, und du triffst auf eine Menge Gleichgesinnter.

Diese zwei Seiten bieten eine Einführung in die wichtigsten Arten des Wettkampfsurfens. Vielleicht interessieren dich die großen Profiveranstaltungen.

Die Seiten 42 und 43 geben dir Ratschläge zur persönlichen Vorbereitung und Ausrüstung, ebenso erklären sie Renntaktiken.

Equipment-Bedingungen

Die Größe und Form von Brett oder Segel haben enormen Einfluß auf das Ergebnis bei einem Wettkampf. Aus diesem Grund ist bei den meisten Veranstaltungen der Brett- oder Segeltyp vorgeschrieben, der benutzt werden darf (One-design Event), oder es sind genau eingegrenzte Richtwerte gegeben.

Vergewissere dich deshalb immer vorher, ob dein Material zugelassen ist, sonst ist die Disqualifikation schon vor dem Startschuß fällig.

Kursrennen

Kursrennen finden normalerweise auf einem olympischen Dreieckskurs oder W-Kurs statt. So eine Regatta kann aus drei oder mehr Wettfahrten um denselben Kurs bestehen, bei denen der Teilnehmer Punkte sammelt, die später addiert werden. Der spätere Gewinner ist dann der mit der niedrigsten Punktzahl insgesamt.

1. Dreiecks-Kurs

Man nennt ihn auch das olympische Dreieck, da er bei den Olympischen Spielen zum ersten Mal verwendet wurde. Die Startlinie zeigt immer in den Wind.

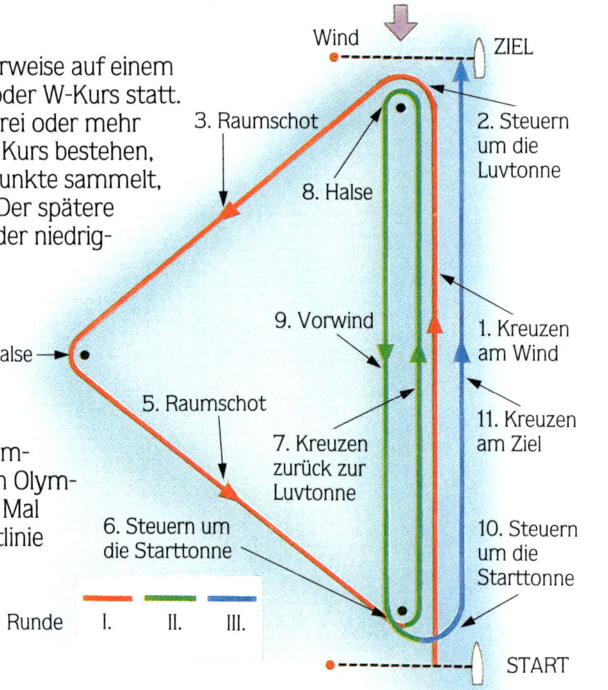

2. W-Kurs

Er unterscheidet sich vom Dreiecks-Kurs durch das Fehlen des Vorwindkurses, weniger Fahrten an der Kreuz und dafür mehr Halbwind und Halsen. So haben die hier benützten Bretter auch meist weniger Volumen – das macht sie auf raumen Kursen und in Halsen schneller.

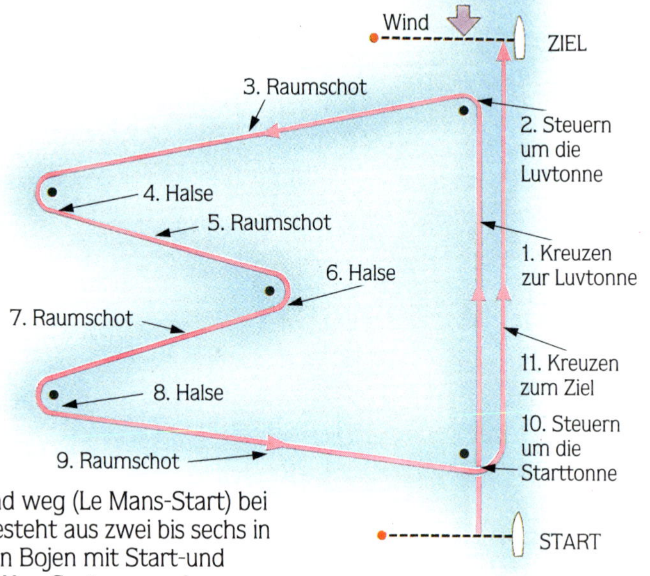

Slalomrennen

Man startet vom Strand weg (Le Mans-Start) bei Starkwind. Der Kurs besteht aus zwei bis sechs in der Brandung plazierten Bojen mit Start-und Ziellinie am Strand. Im K.o.-System werden mehrere Heats (Durchgänge) gestartet, bis vier oder fünf Surfer ins Finale kommen.

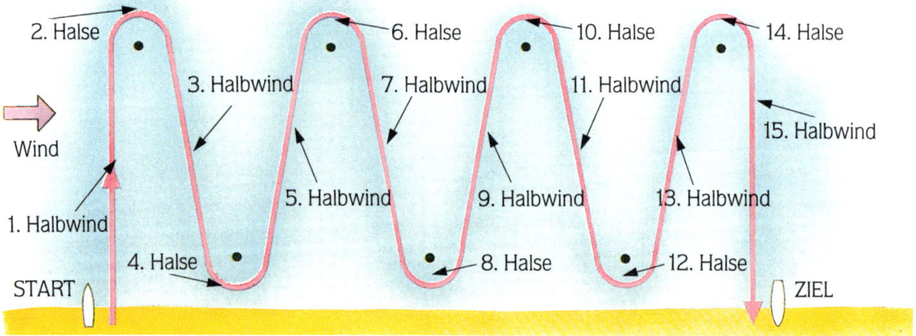

Waveriding

Die meisten Wellenreitveranstaltungen laufen nach dem gleichen Schema wie Slalomrennen. Jeder Heat dauert acht Minuten; in dieser Spanne können immer zwei gegeneinander fahrende Surfer die Jury in der Welle beeindrucken. Wellenritte zählen mehr als Sprünge.

▲ Die Teilnehmer gestalten ihre eigene Wellenkür.

Freestyle

Wie in der Welle haben die Surfer ein bestimmtes Zeitlimit zur Verfügung, um ihr Können in der Kür zu zeigen.

Hier wurde das K.o.-System so verfeinert, daß alle gemeinsam beginnen, Tricks zu zeigen. Jeder, der dann ins Wasser fällt, scheidet aus und kehrt zurück ans Ufer. Der letzte wird der erste sein.

▲ Teilnehmer eines Freestyle-Events im K.o.-System folgen den Anweisungen der Jury.

Speedweeks

Auf einem 500 m langen geraden Kurs fahren die Surfer Raumschot gegen die Uhr. Für Maximalgeschwindigkeiten muß das Wasser absolut flach, der Wind ablandig und sehr stark sein.

Seit 1986 sind die Windsurfer die schnellsten segelbetriebenen Wasserfahrzeuge. Damals erreichte Pascal Maka 38,86 Knoten (71 km/h) auf den Kanarischen Inseln.

Bei den Speedweeks kämpfen die Surfer gegen die Zeit. ▼

Internationale Regatten

Weltweit wird jährlich eine Vielzahl von großen, kleinen, wichtigen und weniger wichtigen Regatten veranstaltet. Wir haben hier die interessantesten in einer Liste zusammengefaßt. Die Veranstalter stehen in Klammern.

Olympische Spiele (IYRU): Jedes Land kann mit einem Windsurfer teilnehmen.
World Cup (World Tour Events): Regattazirkus der professionellen Windsurfer in Wave-Slalom-Race-Disziplinen; Stationen in Europa, USA, Australien und Japan.

Alljährliche Veranstaltungen

Damen-Weltmeisterschaften (IYRU)
Jugend-Weltmeisterschaften (IYRU)
Weltmeisterschaften der Produktionsklasse (WBA)
Division II-Europameisterschaften (IBSA)
Division II-Weltmeisterschaften (IBSA)
Speedweeks (WSSA)
Mistral-Europameisterschaften (IMCO)
Mistral-Weltmeisterschaften (IMCO)

Einstieg ins Regattaleben

Deine erste Regatta kann ziemlich nervenaufreibend ablaufen, wenn du nicht über den genauen Ablauf Bescheid weißt und wenn du selbst nicht richtig vorbereitet bist. Diese zwei Seiten führen dich durch den Aufbau eines Wettkampfes und in grundlegende Taktiken ein.

Wo finden Veranstaltungen statt?

Der beste Weg, um das herauszufinden, ist ein Besuch im nächstbesten Surf-Shop. Du kannst natürlich auch bei den zuständigen Organisationen nachfragen (s. S. 60), die dir gerne mit Rat und Tat zur Seite stehen. Nach den vier Punkten im Kästchen rechts solltest du fragen:

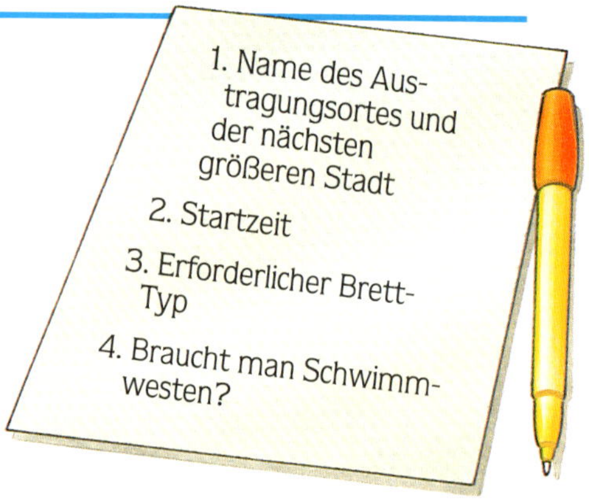

Die Startnummern bei diesem Klassenrennen wurden an den Trapezen der Surfer befestigt.

Segelnummern

Zur besseren Identifizierung mußt du im oberen Drittel des Segels auf beiden Seiten eine Nummer aus Segeltuch anbringen. Die hiesigen Organisationen verteilen die Nummern auf Lebenszeit. Die selbstklebenden Nummern kannst du bei deinem Surfshop kaufen. Befestige sie auf trockenem und sauberem Segel. Die Nummern auf Steuerbord sollten höher als auf Backbord angebracht sein. Bei Rennen in einer bestimmten Klasse bekommst du Brett und Segel zugewiesen. In dem Fall befestigst du die Nummer am Trapez (s. links).

Vorbereitung

Vergewissere dich, daß alles nach Wunsch funktioniert. Überprüfe insbesondere den Powerjoint und den Zustand der Trapeztampen auf Verschleiß. Falls du ein kleineres Segel besitzt, nimm es mit für eventuellen Starkwind. Auch wirst du eine einsatzfähige, wasserdichte Uhr mit Stoppuhr oder Countdown benötigen (s. S. 51), so daß du dich in den letzten fünf Minuten vor dem Start richtig plazieren kannst.

Beim Rennen

Hier ist ein Führer, wie du die Zeit vor dem Rennen sinnvoll verbringen kannst, angefangen vom Eintreffen am Veranstaltungsort bis zum Ertönen des Startschusses.

Du solltest spätestens zwei Stunden vor Regattabeginn am Ort angekommen sein. Erkundige dich rechtzeitig nach günstigen und erlaubten Parkplätzen in Ufernähe. Rigge sofort auf.

Geh zur Regattaleitung und melde dich bei den Veranstaltern. Gib deinen Namen, die Segelnummer und die Versicherung an. Du wirst Startgeld bezahlen müssen.

Das 5-Minuten-Signal wird geschossen, um dich an den alsbaldigen Start zu erinnern. Ein weiteres Signal kommt eine Minute vor dem Start. Vergleiche deine Uhr: Stimmt sie nicht überein, stell sie nach.

Zehn Sekunden vor dem Startschuß: Hol dicht und fahr los wie der Teufel. Das Ziel ist es, beim Ertönen des Startsignals mit der größtmöglichen Geschwindigkeit durch die Startlinie zu rauschen.

Nach dem Rennen

Das ist die beste Zeit, um Tips von Kollegen und Konkurrenten zu bekommen. Analysiere rückblickend deine Rennen und die der anderen. Überlege, was du bis zum nächsten Mal verbessern mußt.

Renntaktiken

Das perfekte Beherrschen des Brettes allein führt noch nicht zum Sieg. Die Top-Windsurfer sind vor allem brillante Taktiker. Lies dir die folgenden Taktiken durch, die deine Ergebnisse maßgeblich beeinflussen könnten.

1 Welche Seite der Startlinie?

Beim Dreieckskurs liegt die Startlinie beinahe rechtwinklig zum Wind, d.h. eine der linienbegrenzenden Tonnen liegt höher am Wind, also auch näher an der ersten Wendemarke.

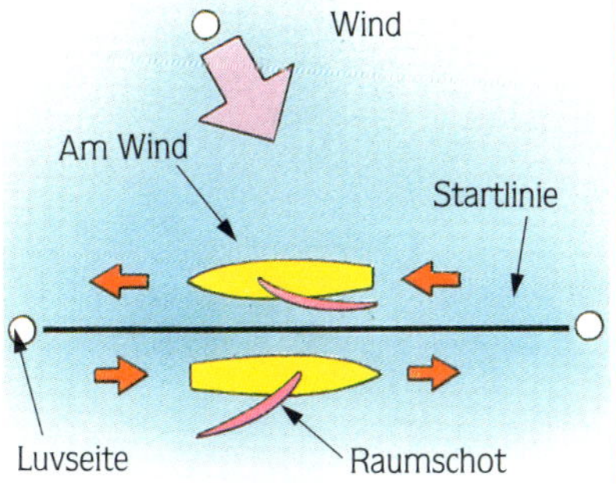

Um herauszufinden, welche die (Luv-)Tonne ist, segle von einem Ende zum anderen und zurück. Du wirst bemerken, daß du in einer Richtung härter am Wind fahren mußt. Dort ist die Luv-, also deine Starttonne. Jedoch ist es sehr wahrscheinlich, daß die meisten deiner Gegner das auch wissen. Dann ist es günstiger, etwas tiefer und nicht in der Abdeckung der anderen Segel zu starten (s. rechts).

2 Winddrehungen

Da die Windrichtung selten konstant bleibt, wird ein guter Taktiker die Drehungen für sich nutzen und dementsprechend den Kurs ändern. Das ist entscheidend an der Kreuz.

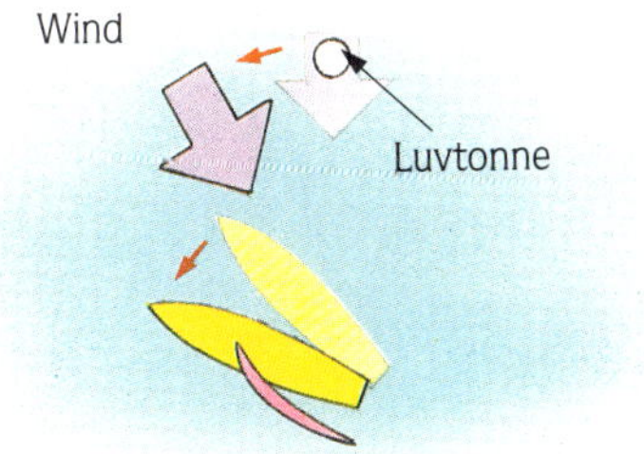

Wenn er wendet, kann er auf dem anderen Bug mehr Höhe gewinnen und direkter zur Luvtonne kreuzen.

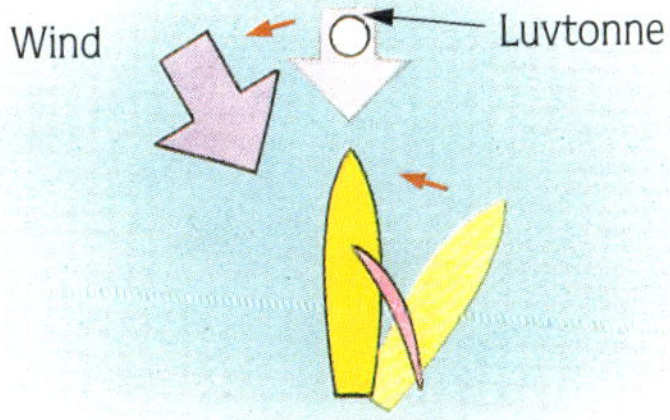

So ermöglicht die Winddrehung einen effektiveren Weg zur Luvtonne, eine Wende wäre unnötig.

Wie man Winddrehungen erkennt

Ein erfahrener Surfer kann Winddrehungen im Segel spüren. Du kannst dir aber auch einen Punkt auf deinem Kurs suchen, auf den du genau zusurfst, einen Fluchtpunkt. Bemerkst du auf einmal, daß du weiter links, bzw. rechts vorbeikommst, hat der Wind gedreht.

3 Abwind

Abwind entsteht z.B. durch andere Surfer in Luv, die Verwirbelungen verursachen. Kommst du in Abwind, kann dich das leicht die Hälfte deiner Geschwindigkeit kosten. Deshalb ist es so entscheidend, daß du einen guten Startplatz findest und dich freisurfen kannst. Erwischt dich der Abwind trotzdem, wende und versuche dein Glück auf neuem Bug.

Den Effekt eines Hindernisses merkst du noch fünf volle Brettlängen weiter.

Die Rennleitung wird dir beim Skippers Meeting den Kurs erläutern und auf eventuelle Schwierigkeiten und Strömungen hinweisen. Ist der Kurs kompliziert, zeichne ihn dir auf den Handrücken.

Das Rettungsteam will meistens die genaue Zahl der auf dem Wasser befindlichen Surfer wissen. Vergiß nicht, dich auf der Sicherheitsliste vor dem Rennen ein- und danach wieder auszutragen.

Jetzt hol dein Material und surfe hinaus zur Rennzone. Du hast noch Zeit, um zu prüfen, ob wirklich alles funktioniert. Vergewissere dich insbesondere, ob der Gabelbaum fest und in der richtigen Höhe sitzt.

Surfe nun zur Startlinie. Benütze die oben beschriebene Methode, um den geeignetsten Startplatz herauszubekommen. Such dir Bezugspunkte am Ufer, um ihn auch wieder zu finden.

Fahre gedanklich den Kurs noch einmal ab und mach dich vertraut mit den Positionen der einzelnen Tonnen. Durch kurzes Surfen in Richtung der ersten Boje bekommst du schon ein Gefühl für den Wind.

Das 10-Minuten-Signal wird abgeschossen. Schalte den Countdown auf deiner Uhr an. Surfe zu deinem ausgesuchten Startplatz und plaziere dich gleich dahinter auf Steuerbordbug.

Strandsurfer und Wind Weapon

Das Windsurfen ist ein extrem schnell wachsender Sport. Ständig werden Verbesserungen am Material vorgenommen, um den Experten schnellere, größere und spektakulärere Höhenflüge zu ermöglichen. Quasi als Krönung haben einige Designer radikale Modifizierungen am Gerät vorgenommen mit dem Ziel, Windsurfen mit anderen Sportarten wie Skateboard- oder Skifahren und sogar Fliegen zu kombinieren.

Der Strandsurfer

Mitte der 70er Jahre suchten die französischen Windsurfer Baron Arnaud de Rosnay und Hervé Spriet nach einem Weg, den Kitzel des Windsurfens an Land zu erleben. 1977 erfanden sie den Strandsurfer. 1979 unterzog de Rosnay ihn dem ultimativen Test, indem er kurzerhand quer durch die Sahara surfte. Heute gibt es bereits Zehntausende Strandsurfer auf der Welt.

Strandsurfer sind mit mehr als 5 m^2 Segel meist überpowert, d. h. der Segeldruck ist nicht mehr zu halten.

Der Surfer besteht aus einem normalen Windsurf-Rigg (mit nicht mehr als 5 m^2), befestigt an einem übergroßen, modifizierten Skateboard. Du steuerst den Strandsurfer durch Einsatz des Körpergewichts. Das einzige Problem ist das Bremsen: Entweder du schießt voll in den Wind, oder hältst dein Segel back. Deshalb tragen die meisten Strandsurfer zum Selbstschutz einen Helm sowie gut gepolsterte Kleidung und ziehen Sandstrand einem harten Untergrund vor. Man braucht wegen des geringeren Reibungswiderstandes wesentlich weniger Wind für Geschwindigkeit und Manöver.

Der Aufbau

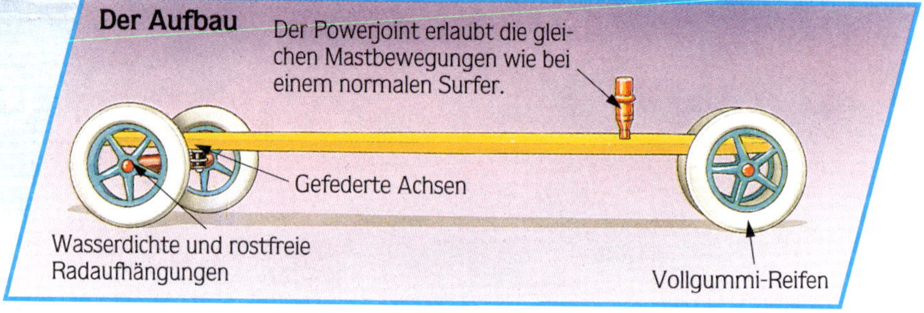

Strandsurf-Wettbewerbe

Die erste jährliche Speed-sailing-Weltmeisterschaft wurde 1983 am Chott-el-Djerid ausgetragen, einem ausgetrockneten See im Herzen Tunesiens. Seitdem gab es Veranstaltungen in England, den USA und Holland. Zur Zeit nehmen etwa 100 Segler an den Meisterschaften jedes Jahr teil. Der inoffizielle Geschwindigkeitsrekord wurde im August 1985 von Bruno Gouvy aufgestellt: Er erreichte 138,96 km/h in Port St Louis (Frankreich). Den offiziellen Rekord mit 73,75 km/h hält Jacques Sotty seit Juni 1986 in Denneville (Frankreich).

Der Wind Weapon

1983 steckten der Windsurf-Veteran Tom Magruder und Robert Crowell, ein wettkampferprobter Drachenflieger, die Köpfe zusammen, um ihren Traum zu verwirklichen: eine Verbindung von beiden Sportarten. Dabei kam dann ein spezieller Windsurfer heraus, bei dem der Mast vom Brett losgelöst ist. Der Surfer kann das Rigg so bewegen, daß aus dem Segel ein horizontaler Flügel wird.

Es ist möglich, den Topteil des Wind Weapon mit dem Unterliek eines Speedsegels zu verbinden. Wenn du während eines Sprunges in Schwierigkeiten kommst, kann man das Segel wie einen Fallschirm verwenden und so die Landung des Boards dämpfen.

Der Aufbau

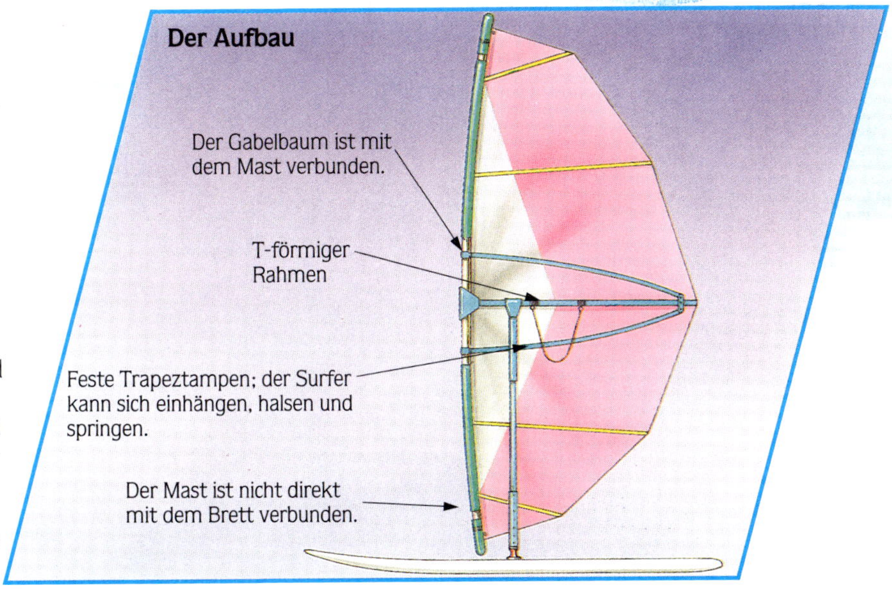

Bretterwahl

Man wird als Laie von Fachjargon und Werbeslogans der Hersteller schnell überrannt. Die folgenden Seiten versuchen, durch den Fachwörterdschungel zu brechen und dir die Auswahl des richtigen Brettes und Riggs zu erleichtern. Die unten dargestellten Bretter wurden nach Länge geordnet, so weit das ihren Einsatzbereich beeinflußt. Jedoch darf man nicht vergessen, daß das Gewicht eines Surfers die Fahreigenschaften eines Boards verändert. Deshalb mußt du aufpassen, daß die von dir ausgewählte Edelplanke das nötige Volumen hat (s.unten).

Anfänger-/Leichtwind-Brett (360–390 cm)

Dieses Brett für Anfänger zeichnet sich durch Stabilität und hohes Volumen aus. Es kann auch bei Fast-Flaute Geschwindigkeit aufnehmen.

Allround-Board (360–380 cm)

Die Form dieses Bretts ist ideal für den bereits etwas fortgeschrittenen Surfer, der sich schon an mittlere Winde wagt. Engagierte Anfänger können damit beginnen.

Allround-Funboard (320–340 cm)

Eine kleinere Version des Allround-Boards. Es braucht mehr Wind, bevor es ins Gleiten kommt, dann ist es schneller und wendiger als seine großen Brüder. Anfänger-Board für Leichtgewichte.

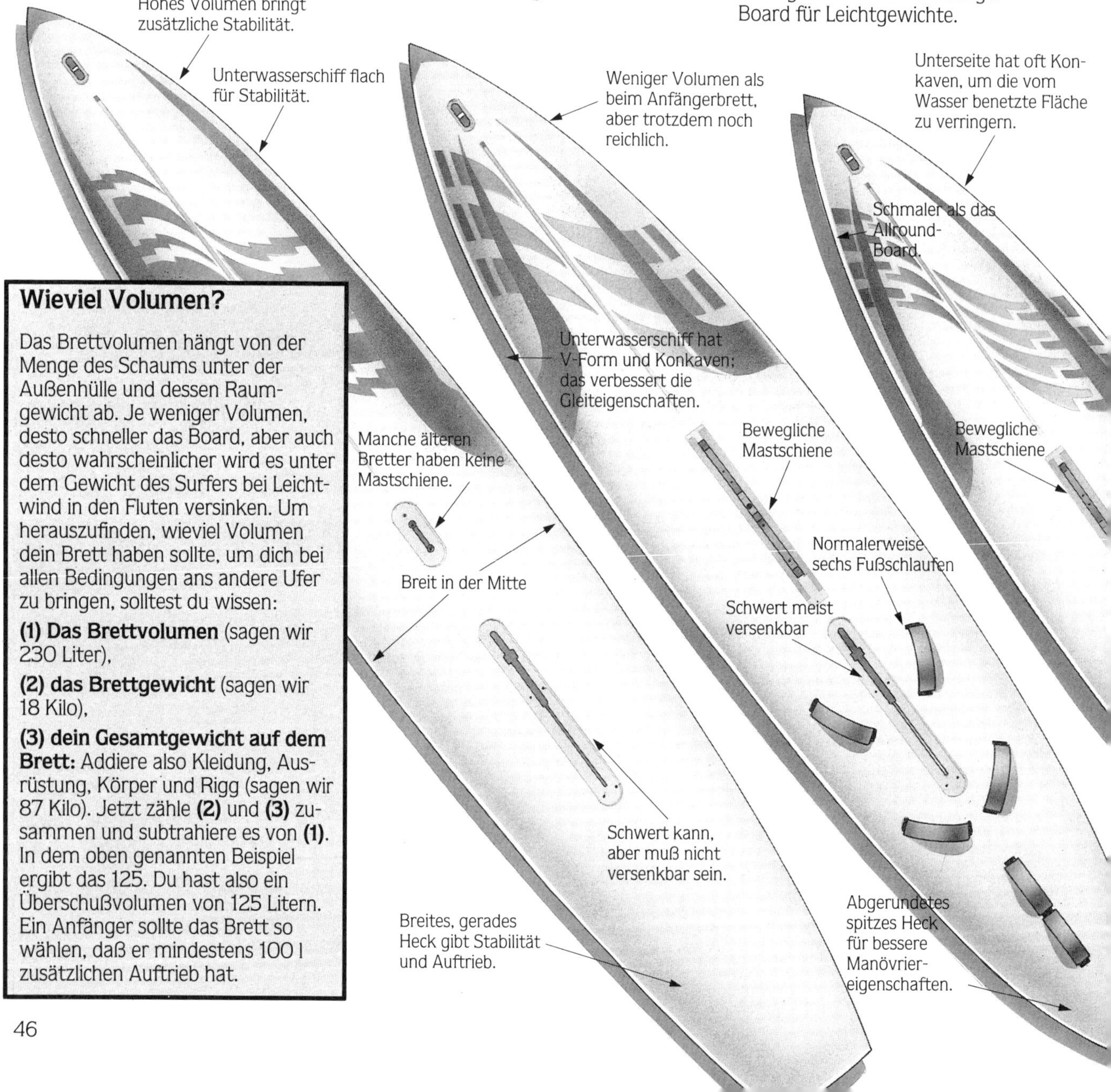

Wieviel Volumen?

Das Brettvolumen hängt von der Menge des Schaums unter der Außenhülle und dessen Raumgewicht ab. Je weniger Volumen, desto schneller das Board, aber auch desto wahrscheinlicher wird es unter dem Gewicht des Surfers bei Leichtwind in den Fluten versinken. Um herauszufinden, wieviel Volumen dein Brett haben sollte, um dich bei allen Bedingungen ans andere Ufer zu bringen, solltest du wissen:

(1) Das Brettvolumen (sagen wir 230 Liter),

(2) das Brettgewicht (sagen wir 18 Kilo),

(3) dein Gesamtgewicht auf dem Brett: Addiere also Kleidung, Ausrüstung, Körper und Rigg (sagen wir 87 Kilo). Jetzt zähle **(2)** und **(3)** zusammen und subtrahiere es von **(1)**. In dem oben genannten Beispiel ergibt das 125. Du hast also ein Überschußvolumen von 125 Litern. Ein Anfänger sollte das Brett so wählen, daß er mindestens 100 l zusätzlichen Auftrieb hat.

Materialien

Windsurfbretter bestehen aus zwei Komponenten: der Außenhaut (auch Schale genannt) und der Füllung im Innern. Die Außenschale wird aus Glasfiber, Polyäthylen, ABS/ASA oder Epoxy gemacht. Die Füllung besteht aus Polystyrol- oder Polyurethan-Schäumen in unterschiedlichen Qualitäten.

Schale	Steifig-keit	Bruch-festigkeit	Gewicht	Haltbar-keit	Custom-made, Serien-brett	Preis	geeignet für
Glasfiber (gewebte Glasfaser, mit Polyester oder Epoxy gemischt	hoch	mittel	sehr leicht	gering	Custom	niedrig	Fortgeschr.
Polyäthylen (ein Kunststoff)	gering	hoch	sehr schwer	hoch	Serie	niedrig	alle
ABS/ASA (verschiedene Plastiksorten)	mittel	mittel	mittel	mittel	Serie	mittel	alle
Epoxy (Harz, verbunden mit Plastik oder Kohlefaser)	hoch	gering	sehr leicht	gering	beides	hoch	Fortgeschr.
Füllung							
Polyurethan (abgekürzt PU; Plastikschaum)	–	mittel	mittel	hoch	Serie	hoch	alle
Polystyrol (abgekürzt EPS; gestreckter Schaum)	–	gering	leicht	mittel	Custom	gering	alle

Slalom-Board (300–320 cm)

Das niedrige Volumen macht es ideal für Geschwindigkeitssurfen bei Starkwind. Zudem ist es das perfekte Anfängerbrett für Kinder.

Starkwind-Boards (295 cm und kürzer)

Es gibt zwei Grunddesigns für diese kleinen Bretter, abhängig davon, ob sie für Geschwindigkeit oder Manöver konzipiert wurden. Beide werden größtenteils handgemacht (Custom-made). Natürlich gibt es auch Serienbretter. Ihr kleines Volumen läßt sie bei zu wenig Wind untergehen, deshalb nennt man sie »Sinker«.

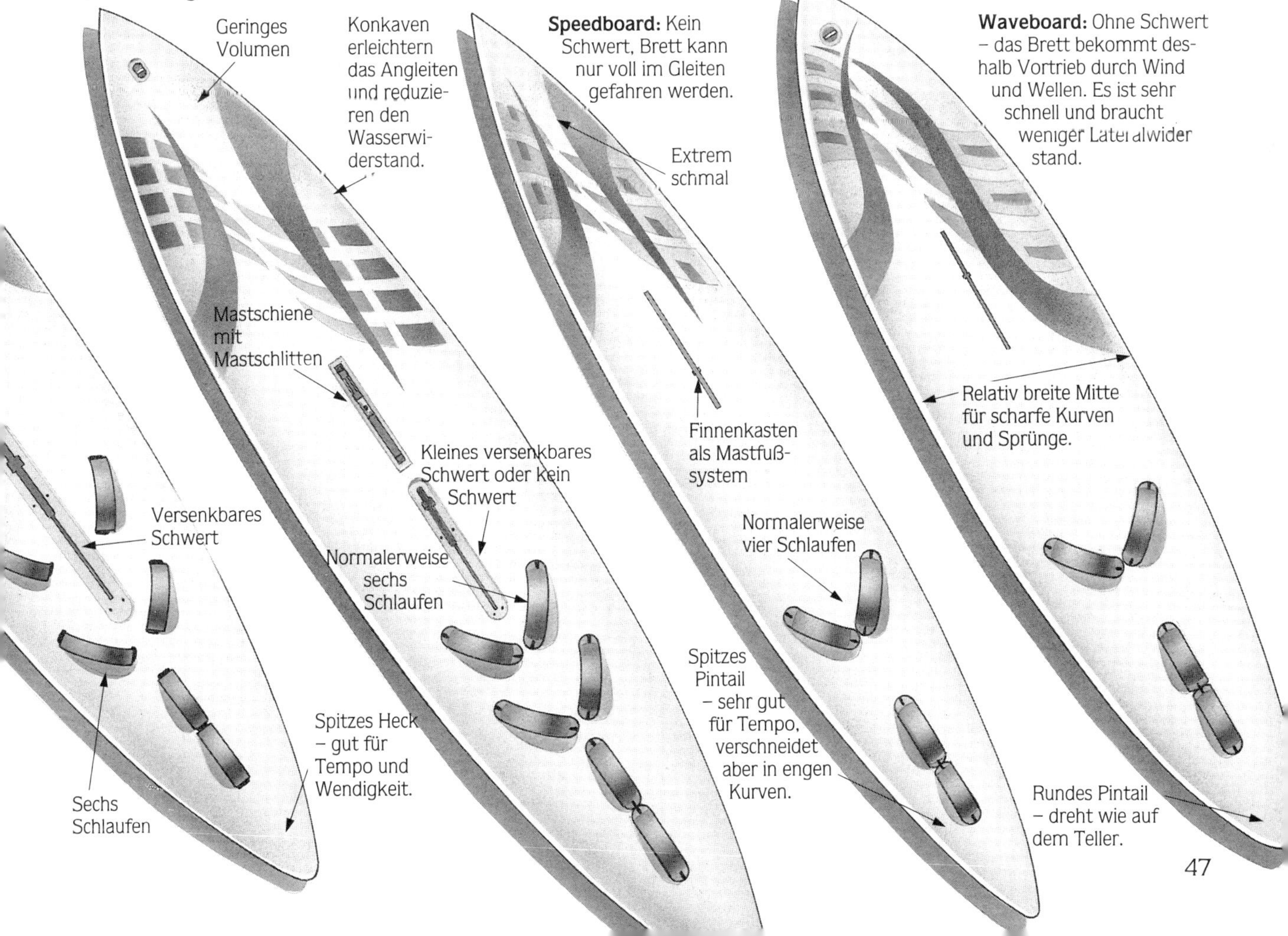

Das richtige Rigg

Unten findest du Ratschläge, welche Art von Segel genau das richtige für dein Können ist. Jedes Segel gibt es dann auch in verschiedenen Größen. Prinzipiell gilt: Je schwächer der Wind, desto größer das erforderliche Segel; allerdings sollten Anfänger kleinere Segel kaufen, der Handlichkeit und des Gewichts wegen. Hat dich die Sucht erst gepackt, dann wünschst du dir mehr als ein Segel für die unterschiedlichen Bedingungen. Laß dich in diesem Fall von Experten beraten, um sicherzugehen, daß die Segel auch mit Mast und Gabelbaum zusammenpassen.

Allround-Segel

Dieses Segel ist weich im Handling, denn es hat kurze Latten, die nur das Achterliek steif halten für das Surfen bis zu Windstärke 3. Die Mittelbahn steht frei. Dadurch kann man den Wind im Segel besser fühlen, und man hat gerade bei Schwachwind bessere Kontrolle. Zudem ist das Segel sehr leicht. Deshalb ist es für Anfänger ideal, ebenso wie für Freestyle-Ambitionierte.

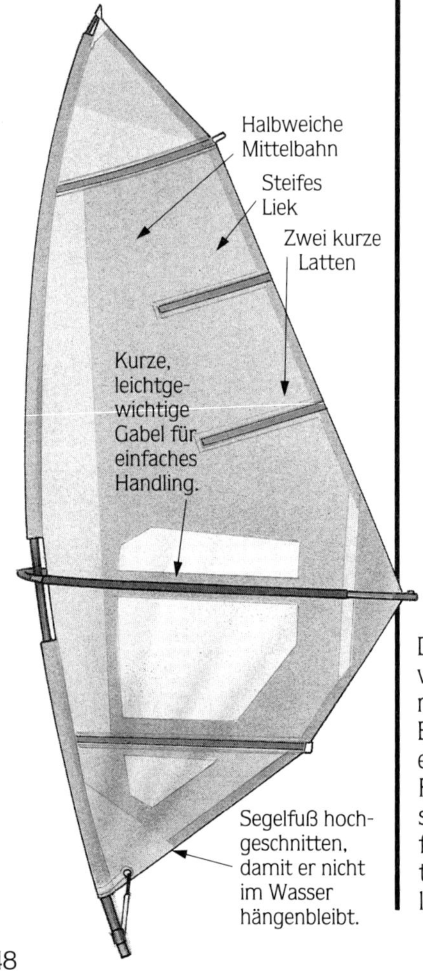

Durchgelattetes Segel

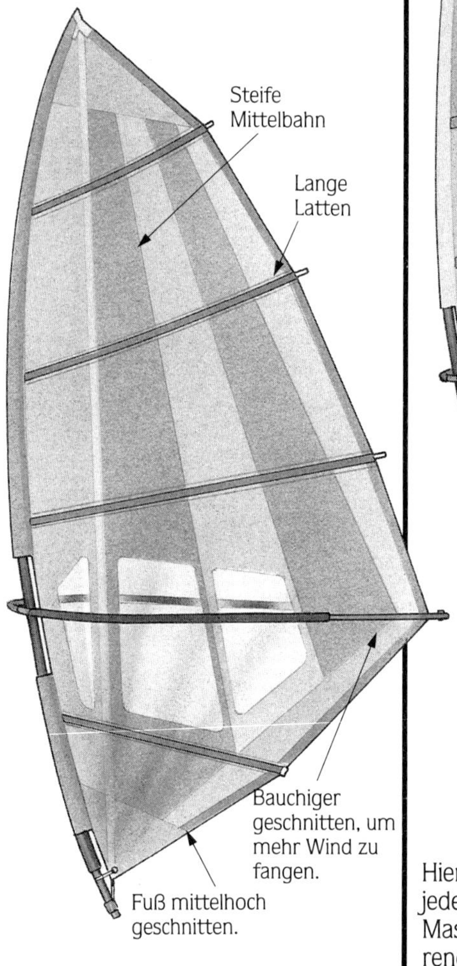

Dieses Segel hat lange Latten, die vom Achterliek bis vor zum Mast reichen. Das bewirkt in böigen Bedingungen ein steifes Segel mit einer besseren aerodynamischen Form als das Allround-Segel. Es ist schwerer als ein solches Segel, aber für den engagierten Neueinsteiger trotzdem beherrschbar. Außerdem liefert es mehr Vortrieb.

Profilsegel

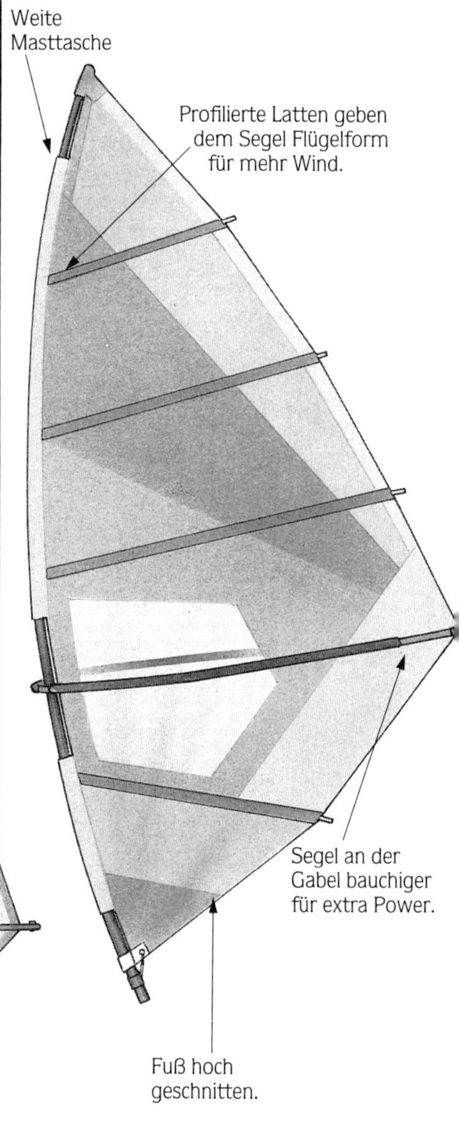

Hier können die langen Latten bei jedem Kurswechsel um den Mastrücken rotieren. Sie liegen während der Fahrt an der Leeseite des Mastes an und bilden einen richtigen Flügel. Der Wind passiert so wesentlich verwirbelungsfreier an der Leeseite als bei den normal durchgelatteten Segeln. Dieses Profilsegel ist für Anfänger relativ kompliziert, da es beinahe permanent Vortrieb liefert, durch die weite Masttasche viel Wasser aufnimmt und schwerer wird.

Rennsegel

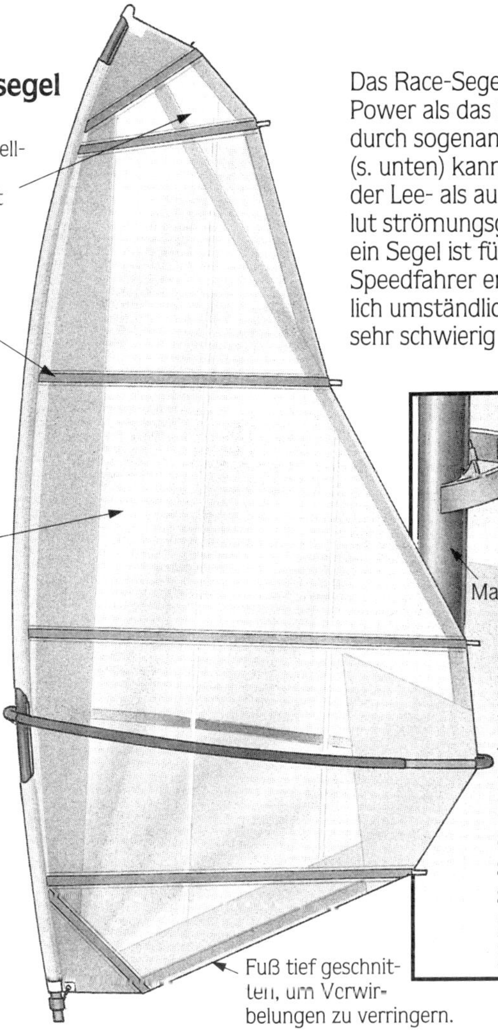

Das Race-Segel hat noch mehr Power als das Profilsegel, denn durch sogenannte Camber Inducer (s. unten) kann der Wind sowohl auf der Lee- als auch der Luvseite absolut strömungsgünstig passieren. So ein Segel ist für Regatta-Surfer und Speedfahrer entwickelt. Er ist ziemlich umständlich aufzubauen und sehr schwierig zu beherrschen.

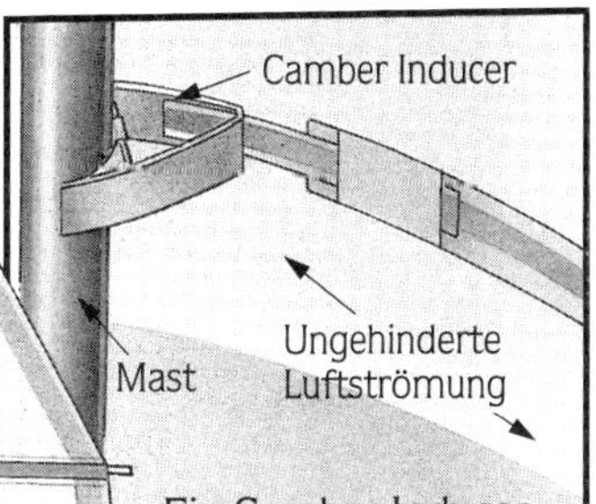

Ein Camber Inducer ist ein am Mast befestigtes Plastikteil. Jede Latte mündet in so ein Ding und wird fest am Platz gehalten, so daß das Segel selbst bei einer plötzlichen Böe profilstabil bleibt.

Wavesegel

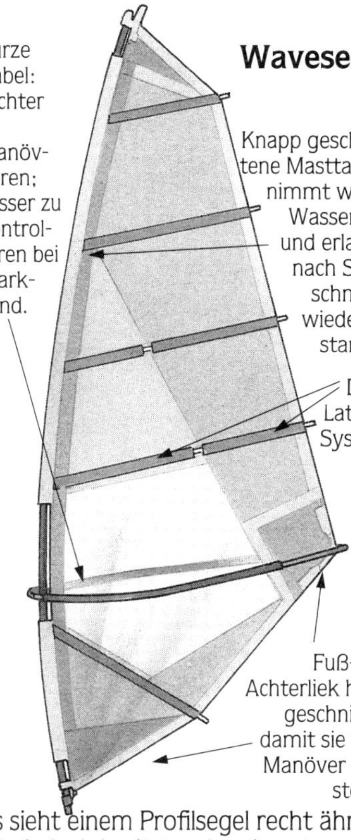

Es sieht einem Profilsegel recht ähnlich, jedoch besitzt es bestimmte Charakteristika, die es handlingfreundlicher und bei Starkwind besser beherrschbar machen. Vor allem hat es ein Duo-Latten-System: wahlweise lange für Vortrieb oder kurze für Manöver.

Segeltuch

Das Segelmaterial hat großen Einfluß auf die Leistung. Unten siehst du die meistbenutzten Materialien.

	Vorteile	Nachteile
Dacron Dacron wird aus mit Garn versponnenen Polyesterfasern hergestellt. Zudem ist es hitzebehandelt, um die Oberfläche haltbarer zu machen.	★ Relativ preiswert ★ Paßt sich gut verschiedenen Mastbiegekurven an ★ Haltbar und leicht zu pflegen	★ Nimmt Wasser auf und wird schwer ★ Weht bei Starkwird schnell aus und verliert die Form
Mylar Handelsname für durchsichtige, glänzende Stoffe aus dünnem Polyester oder zu Tuch verwobenem Terylen. Es ist beidseitig verwoben und daher spröde und steif. Manche Hersteller verwenden es nur im Segelfuß und Achterliek, wo der Druck am größten ist.	★ Bleibt bei Starkwind stabil, ebenso in Böen ★ Ist sehr schnell ★ Leicht, da es kein Wasser aufnimmt	★ Teuer ★ Reißt leicht und Finish wird leicht stumpf ★ Paßt immer nur auf bestimmte Mastbiegekurven
Monofilm Eine neue Entwicklung der Hersteller; reines Mylar wird beidseitig verschweißt und ergibt ein durchsichtiges Tuch, ähnlich den Segelfenstern.	★ Sehr fest, reißt nur schwer ★ Sehr leicht ★ Noch profilstabiler als herkömmliches Mylar	★ Teuer ★ Paßt ebenfalls nur auf bestimmte Segel ★ Benötigt viel Pflege

Windsurf-Zubehör

Zusätzlich zu Brett und Rigg gibt es eine Menge Zubehör auf dem Markt. Manches, z. B. der wasserfeste Walkman, ist gefährliche Spielerei; anderes dagegen, z. B. gute Surfanzüge, sind lebenswichtig. Fall nicht rein auf Mode und farbigen Schnickschnack. Du kannst mit funktionellem Outfit genauso viel Spaß haben und machst dich nicht lächerlich, wenn du dauernd reinfällst. Kauf dir lieber ein billiges Segel als einen billigen Anzug.

Auftriebshilfen

Sie wurden entwickelt, um den Oberkörper über der Wasseroberfläche zu halten. Schau darauf, daß du mehr Auftrieb auf der Vorderseite hast. Sonst treibst du immer mit dem Rücken nach oben (man nennt das positiven Auftrieb). Die Auftriebskapazität wird in kg angegeben. Ungefähr 6 kg sind ausreichend. Trapeze, egal ob Hüft-, Brust- oder Sitztrapez, haben durch die Polsterung einen kleinen Auftrieb. Doch der sitzt konstruktionsbedingt immer auf der Kehrseite (negativer Auftrieb) und unterstützt so nur den Unterkörper.

Rucksäcke

Es gibt Rucksäcke oder Trapeze mit kleinen Taschen zu kaufen; da hinein gehören:

★ Signalraketen: Sie können aus großer Entfernung gesehen werden, auch bei schlechtem Wetter. Achtung: Haltbarkeit.

★ Trillerpfeife: Der Schall reicht auf dem Wasser sehr weit.

★ Tampen: Ein paar Meter Schnur können zum Abschleppen oder für Behelfsreparaturen verwendet werden.

★ Messer: Das kann im Notfall Leben retten, wenn du selbst oder ein anderer ins Rigg verwickelt wird. Auch ist es nützlich für provisorische Reparaturen.

Naß- und Trockenanzüge

Der Hauptunterschied zwischen beiden ist, daß der Trockenanzug dich warm hält, indem er kein Wasser einläßt. Der Naßanzug hingegen hält eine Schicht Wasser zwischen sich und dem Körper. Die erwärmt sich auf Körpertemperatur und erzeugt eine Wärmeisolierung.

Trocken

Trockenanzüge können mit Kleidung darunter getragen werden, deshalb sind sie ideal für Wintersurfer. Sie sind zudem so ziemlich die teuersten Anzüge auf dem Markt.

Naß

Sie sind enganliegend und werden über Badebekleidung getragen. Arme und Beine sind bisweilen dünner als die Körperpartie, der besseren Bewegungsfreiheit zuliebe und um vor Krämpfen zu schützen. Die meisten Modelle haben verstärkte Knie und Schienbeine. Es gibt verschiedene Versionen des Naßanzugs. Wir zeigen hier Trockenanzug, Semi-Trockenanzug und Long John. Dieser fast trockene Naßanzug hält dich zu 80% trocken und ist zum Wintersurfen ausreichend. Solche Anzüge gibt es einfach und doppelt kaschiert (siehe rechts) und mit hoher Halsmanschette.

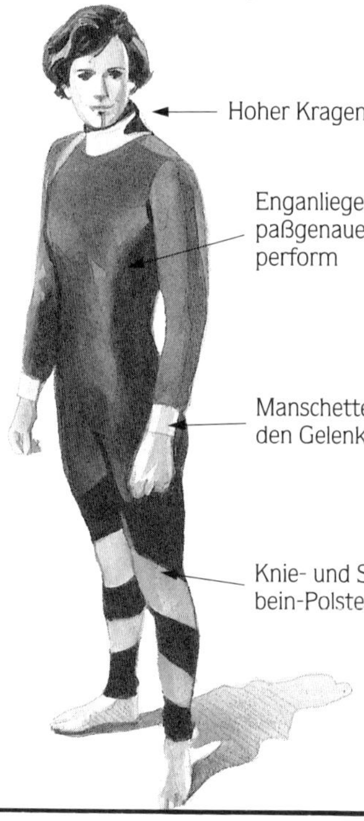

Das Entlüften

Es ist erforderlich, vor dem Surfen überflüssige Luft aus dem Anzug abzulassen; du könntest sonst beim Reinfallen in Schwierigkeiten kommen. Es sind schon Leute ertrunken, die Luft in den Anzug-Beinen hatten. Zieh also die Halsmanschette auf und bück dich – so entweicht die Luft.

Semitrocken

Semi-Trockenanzüge lassen mehr Wasser eindringen als ihre abgedichteten Kollegen. Sie sind deshalb kühler und auch sonnentauglich. Vor allem sind sie mit abnehmbaren Ärmeln und Beinen erhältlich, so kannst du an heißen Tagen Luft an glühende Glieder lassen. Auch sie gibt es einfach und doppelt kaschiert (siehe unten).

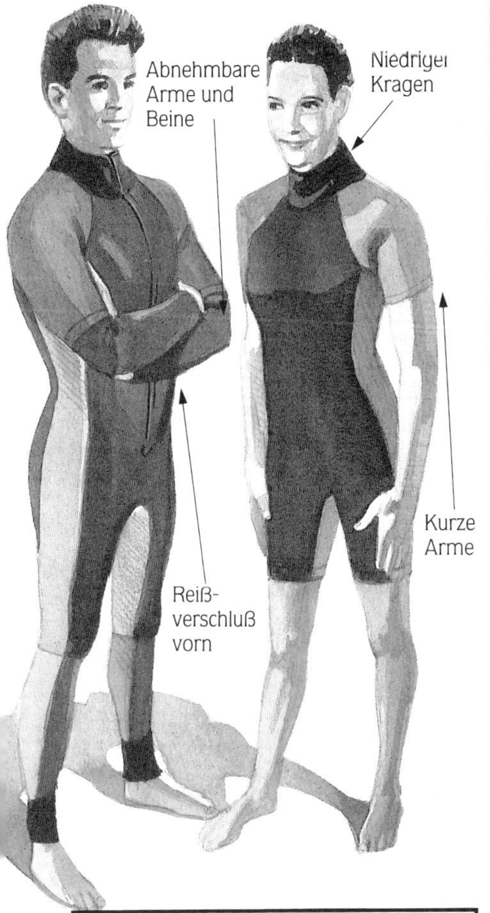

Einfach oder doppelt kaschiert?

Alle Surfanzüge werden aus Neopren hergestellt, welches beidseitig zur Verstärkung mit Nylon beschichtet werden kann. Doch die Nylonschicht außen macht das Neopren wasserdurchlässig und somit kälter. Anzüge mit Neopren nur auf der Innenseite sind wärmer, aber auch empfindlicher.

Long John und Bolero

Diese Kombination ist vielseitig, da sie mit und ohne Bolero (= Jacke) getragen werden kann. Zwischen Jacke und Körper tritt Wasser ein, deshalb sind sie winteruntauglich.

Long John und Trockentop

Diese neueste Entwicklung kann unter fast allen Bedingungen benutzt werden. Sie besteht aus einem wasserfesten Long John mit hohem Kragen und Latex-Manschetten um die Knöchel, damit von unten kein Spritzwasser eindringt. Das Trockentop paßt für die kalten Zeiten über das Long John-Oberteil und hat Manschetten an Hals und Armen. Es ist aus wasserdichtem Gewebe gemacht.

Winter-Extras

An kalten Tagen wirst du benötigen:

1. Haube: Es gibt Neoprenhauben und Anzüge mit integrierten Kopfhauben. Doch jede Kopfbedeckung, die paßt und wärmt, ist besser als nichts.

2. Schuhe: Bei kaltem Wasser brauchst du hohe, wasserfeste und unter die Beine des Anzugs passende Schuhe. Eine Alternative bilden Neoprenfüßlinge (sog. Neoprensocken). Sie sollten eine dünne Sohle haben und das Barfuß-Fahrgefühl bewahren.

3. Handschuhe: Neopren-Fingerhandschuhe oder Fäustlinge bieten ein Maximum an Wärme und Schutz, obwohl Haushalts-Plastikhandschuhe eine preiswerte Alternative bilden.

Sommer-Extras

An heißen Tagen brauchst du:

1. Sonnencreme: Die vom Wasser reflektierte Ultraviolett-Strahlung kann gröbste Sonnenbrände bewirken. Freie Hautpartien sollten mit wasserfester Creme von hohem Lichtschutzfaktor eingerieben werden.

2. Sonnenbrille oder Helmschirm: An strahlend sonnigen Tagen solltest du die Augen schützen. Alle polarisierten Gläser tun das zur Genüge. Es gibt Bänder, die verhindern, daß du die Brille verlierst. Ansonsten wird dir ein Visier die Sonne aus den Augen halten.

Zusätzliches

Wasserfester Walkman, mit Sicherheitsleine am Hals befestigt. Nachteil: Er beeinträchtigt das Gleichgewichtssystem; »Vorteil«: Du hörst das Schimpfen des Surfers nicht, den du gerade überfahren hast.

Wasserdichte und stoßfeste Uhr: sinnvollerweise mit Stoppuhr, großem Zifferblatt und Sicherheitsband; sie sollte auch im Winter mit klobigen Handschuhen gut zu tragen sein. Achtung: Die Uhr muß wasserdicht und nicht bloß wasserfest sein.

Surfers Checkliste

Wenn du dich um deine Ausrüstung kümmerst, erhöhst du ihre Lebensdauer und deinen Spaß. Zudem erhält sich der Wert länger – für den Fall eines Wiederverkaufs. Im folgenden findest du ein paar Tips zur Pflege deiner Sachen und was bei Second-Hand-Käufen zu beachten ist.

Das Board

Wasch es nach Gebrauch im Salzwasser ab und achte immer darauf, daß Mastspur und Schwertkasten frei von Sand und Schmutz bleiben. Lästige Flecken entfernst du mit Haushalt-Fleckenentferner.

Teer zum Beispiel verschwindet durch Abreiben mit Styropor in kreisenden Bewegungen. Überprüfe regelmäßig Finne und Schwert auf Abnutzungen wie Haarrisse. Manchmal ist es zweckmäßig, besonders für Freestyle, scharfe Kanten mit Sandpapier nachzuschleifen.

Das Rigg

Wasch es nach Gebrauch am Meer sorgfältig mit Süßwasser aus, sonst bleibt das Salz kleben und greift die Nähte an. Entspanne zuerst die Latten, dann Unterliek- und zuletzt Vorliekstrecker. Laß anschließend das Segel am Mast trocknen. Schau, daß es wirklich vollständig trocken ist, bevor du es faltenfrei einrollst und wegpackst. Entferne auch allen Sand und Dreck von Mast und Mastfuß, sonst hast du bald eine bleibende Verbindung, die nur unter größten Schwierigkeiten – wenn überhaupt – zu lösen ist. Verfahre genauso mit den Mast- und Gabelbaum-Verlängerungen. Besondere Sorgfalt ist bei Aluminium erforderlich, es oxydiert und bricht sonst.

Surfanzüge

Salz beschädigt Neopren sehr schnell. Nach Benutzung im Meer solltest du die Surfertracht täglich auswaschen und mit der Innenseite nach außen zum Trocknen aufhängen. Auf diese Weise vermeidest du den Einstieg in ein Dschungel-Biotop am nächsten Morgen. Imprägniere deinen Anzug von Zeit zu Zeit außen mit Puder, damit er geschmeidig bleibt und leicht anzuziehen ist.

Ausrüstungs-Checkliste

Bevor du aufs Wasser gehst, checke folgendes durch:

★ Sind Schläge oder Löcher im Brett? Wenn ja, gehe erst surfen, nachdem du den Schaden zumindest behelfsmäßig behoben hast. Der Schaum im Brett saugt nämlich Wasser auf und wird schwer. Das ist dann heikel zu reparieren. Als Kurzzeitlösung kann man Löcher mit wasserfestem Klebeband abdichten.

Lösung: Für eine endgültige Reparatur kauf dir das entsprechende Reparaturset und befolge die Anweisungen des Herstellers, oder laß das Brett im Surfshop richten.

★ Sind Risse im Segel? Durch kleine Löcher kann das Segel unter Druck in Fetzen reißen, wenn diese vorher nicht behandelt wurden.

Lösung: Entweder nähst du es selber mit Nylongarn – das ist sehr nervenaufreibend – oder du gehst mal wieder den Surf-Shop besuchen.

★ Sehen die Tampen schon recht durchgescheuert aus?

Lösung: Ersetze sie durch neue. Verschweiße vorher die Enden über einer Flamme, damit sie sich nicht auftrennen.

★ Überprüfe den Powerjoint auf Risse und Überdehnung. Dieses Gelenk wird enormer Beanspruchung ausgesetzt und kann dann im Wasser leicht reißen.

Lösung: Kommen dir Zweifel, wechsle ihn aus.

★ Prüfe Trocken- oder Naßanzug auf Risse.
Lösung: Du kannst kleine Löcher mit Flicken und Kleber eines speziellen Reparatursets stopfen (alternativ läßt sich auch Fahrradflickzeug verwenden), aber größere Schäden sollten vom Fachmann behoben werden.

Lagermöglichkeiten

Eine Windsurfausrüstung ist relativ sperrig, und besonders Mast und Brett können beim Finden eines Lagerplatzes echtes Kopfzerbrechen bereiten. Wie du derlei Probleme löst, hängt natürlich in erster Linie vom verfügbaren Platz ab, aber hier sind dennoch einige Tips:

★ Mit Lagerregalen läßt sich das Equipment aus dem Weg zu räumen, ideal in der Garage.

★ Wenn möglich, lagere das Brett waagerecht. So kommt nicht zuviel Druck auf ein spitzes Ende zusammen. Die Segel verstaust du ebenfalls am besten horizontal, denn vertikal verräumt kann das Material Risse bekommen.

★ Eine große Auswahl von speziellen Taschen wurde auf den Markt gebracht, um all die verschiedenen Teile beim Surfen komfortabel zu verstauen. Sinnvoll ist bei Flugreisen vor allem die Tasche für das Brett, das Boardbag. Weil es gut gepolstert und geräumig ist, kann man noch vieles mehr darin verstauen. Manche Surf-Freaks benützen ihr Bag sogar als Schlafsack.

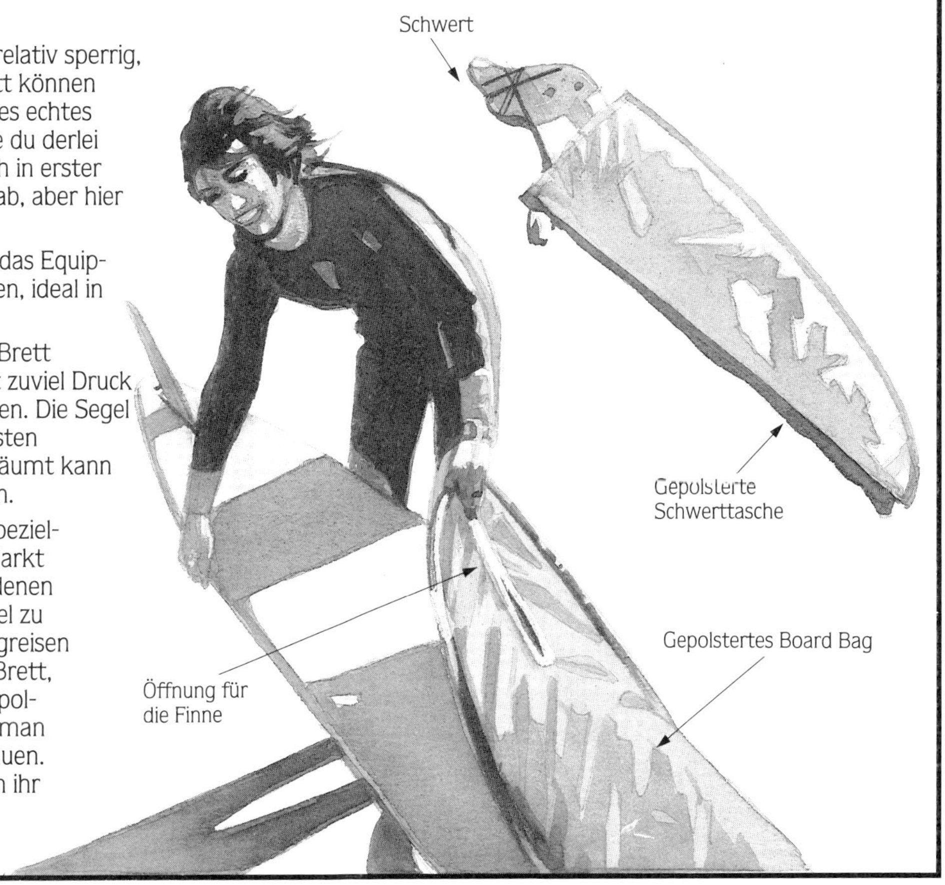

Gebrauchte Ausrüstungsteile kaufen

Der Kauf eines Second-hand-Bretts schont selbstverständlich den Geldbeutel, aber genauso kann er den Fahrspaß trüben. Du mußt beurteilen können, ob das Material noch in gutem Zustand ist oder bereits jenseits von Gut und Böse. Hier sind ein paar Hinweise, wann du die Finger vom Gebraucht-Equipment lassen solltest:

★ Weiche Stellen am Brett. Ein Indiz für Schalenablösung vom Schaum. Über kurz oder lang wird das Brett an diesen Stellen reißen. Man nennt das Delaminierung.

★ Beulen und Sprünge am Gabelbaumende, am Powerjoint und vor allem Sprünge im Mast. Winzige Risse im Mast können repariert werden, aber jeder größere Schaden ist irreparabel.

★ Ausgeschlagenes oder anders beschädigtes Mastfußsystem. Das könnte dazu führen, daß sich alsbald Mast und Mastfuß nicht mehr trennen wollen – also austauschen.

★ Knicke im Mast oder Gabelbaum, ebenso wie ein verschlissener Gabelbaumbelag. Letzterer kann ausgetauscht werden, aber verbogene Masten oder Gabelbäume haben das Zeitliche gesegnet.

★ Jedes Segel, das so ausgeweht ist, daß es nicht mehr korrekt getrimmt werden kann. Auch das ist irreparabel und beeinträchtigt die Fahreigenschaften.

Der Second-hand-Markt

Schwarze Bretter oder spezielle Anzeigenseiten in Surfmagazinen sind eine praktische Quelle für Material aus zweiter Hand. Doch hat diese Art Brettkauf einen gravierenden Nachteil: Du hast keine Garantie oder Anspruch auf irgendetwas, wenn es sich später als schadhaft herausstellt. Händler hingegen sind gesetzlich verpflichtet, auch auf Gebraucht-Boards Garantie zu gewähren. Dafür werden sie aber wohl immer etwas mehr Geld verlangen als ein privater Anbieter. Du solltest in jedem Fall versuchen, Brett und Rigg in der Praxis zu testen, oder zumindest alles einmal selbständig aufzubauen (siehe Seite 54–55).

Perfekt aufgeriggt

Es bringt sehr viel, den Windsurfer korrekt aufzubauen, denn nichts ärgert mehr als ein an allen Ecken und Enden wackelndes Rigg. Diese zwei Seiten zeigen, wie man ein Segel vernünftig mit Mast und Gabelbaum zu einer Einheit verbindet. Wenn du deine Ausrüstung mietest, dann überprüfe anhand der Checkliste rechts unten, ob alles so aussieht, wie es sollte.

1

Entrolle das Segel und breite es am Boden aus. Schieb den Mast in die Masttasche und achte darauf, daß das Masttop auch tatsächlich im Segeltop ankommt. Alsdann nimmst du den Mastfuß und steckst ihn unten in den Mast.

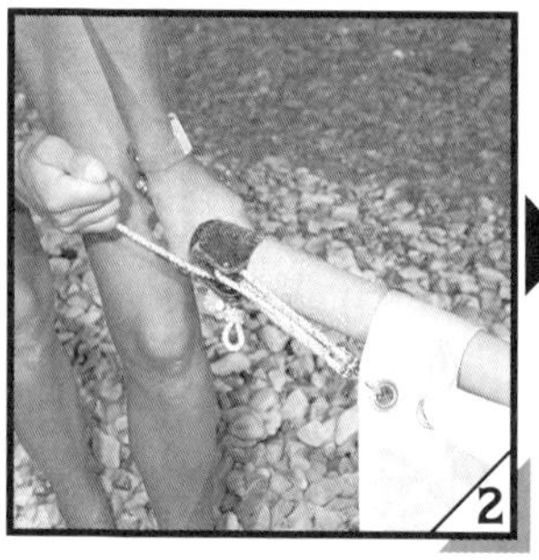

2

Fädele den Vorliekstrecker durch die Segelöse, wieder durch die nächste Rolle am Mastfuß und wiederhole das ganze. Zum Schluß befestigst du ihn in der Klemme am Mastfuß. Hast du einen Trimmhaken, benütze ihn wie auf dem Foto. Spann das Vorliek leicht durch.

3

Jetzt geht es um die passende Gabelbaumhöhe. Stell Mast und Segel aufrecht hin und such am Mast den auf Schulterhöhe liegenden Abschnitt. Am besten markierst du dir diesen Punkt mit einem wasserfesten Klebeband; so weißt du beim nächsten Mal gleich Bescheid.

Das Abriggen

Bau dein Segel immer in folgender Reihenfolge ab:

1. Entspanne die Latten
2. Löse das Unterliek
3. Löse das Achterliek

Öffnest du das Achterliek vor dem Unterliek, könntest du das Segel beschädigen.

7

Stell den Mast auf und zieh den Gabelbaum nach unten, bis er rechtwinklig zum Mast steht. Hast du den Masttampen richtig angebracht, sollten beide Teile fest miteinander verbunden sein und weder wackeln noch rutschen. Ansonsten spann den Masttampen noch einmal nach.

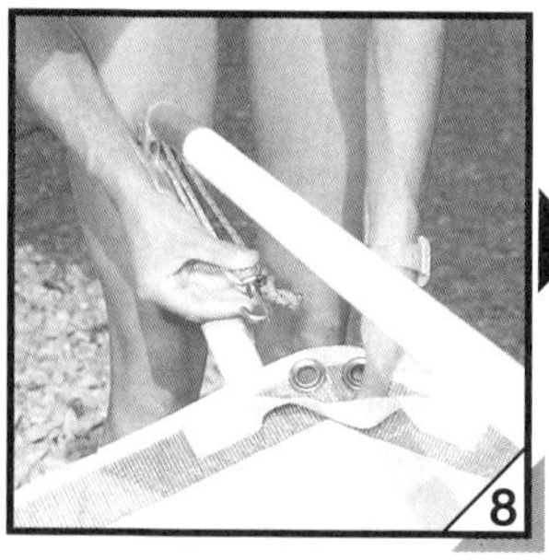

8

Befestige das Achterliek am Gabelbaumende – mit einem Trimmhaken, falls du einen besitzt. Letztlich entscheidet das System des Gabelbaums über die Art und Weise der Fixierung.

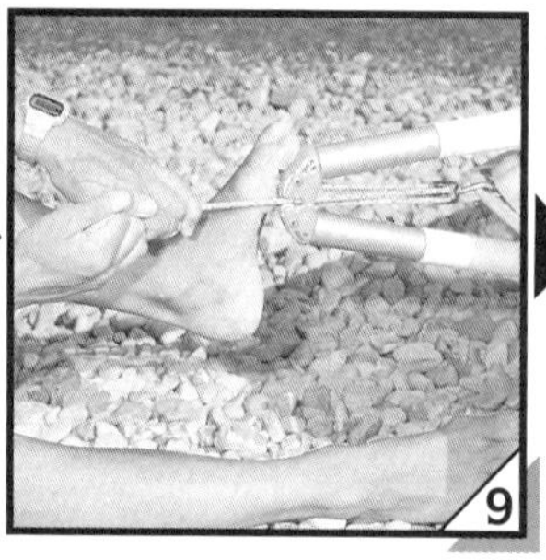

9

Zieh das Achterliek gut durch. Geht das sehr streng, setz dich auf den Boden und halte den Gabelbaum mit dem Fuß. Es ist wichtig, das Achterliek so weit zu spannen, daß du anschließend ohne Probleme die Latten in die Lattentasche schieben kannst.

Die richtige Profiltiefe

Die Spannung im Segel variiert mit der Windstärke. Bei Schwachwind benötigst du einen großen Segelbauch, um mehr Druck ins Segel zu lassen. Ist der Wind jedoch stärker, muß man den Druck reduzieren und für ein flacheres Profil das Segel stärker durchsetzen.

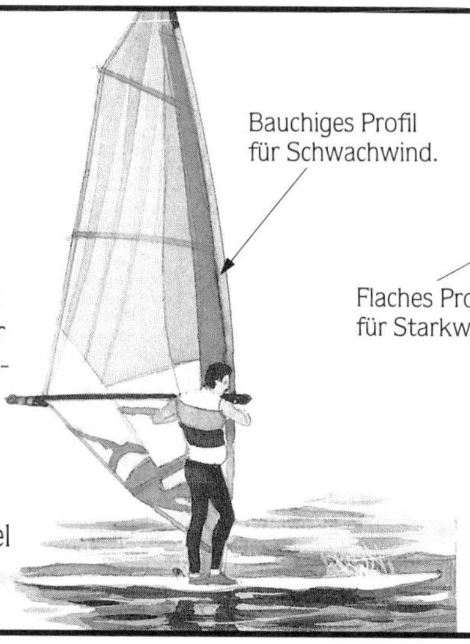

Bauchiges Profil für Schwachwind.

Flaches Profil für Starkwind.

Bei welchem Wind auch immer – das Unterliek muß so weit durchgezogen sein, daß keine Horizontalfalten im Segel entstehen. So wird das Rigg leichter kontrollierbar und der Mast so weit gebogen, daß die Latten beim Manöver leichter rotieren. Paß auf, daß der Bauch im Segel nicht an der Gabelbaum-Innenseite anstößt.

Da der Gabelbaum sehr streng am Mast sitzen sollte, herrscht die Gefahr, daß man den Mast einklemmt und beschädigt. Um das zu verhindern, gibt es sogenannte Mastschützer zu kaufen, die zwischen Gabelbaum und Mast angebracht werden.

Führe als nächstes den Gabelbaum über das Top von Mast und Segel, bis das Kopfstück bei der Höhenmarkierung ankommt. Die Startschot am Gabelbaum sollte nach unten zeigen. Leg die Gabel parallel zum Mast auf denselben.

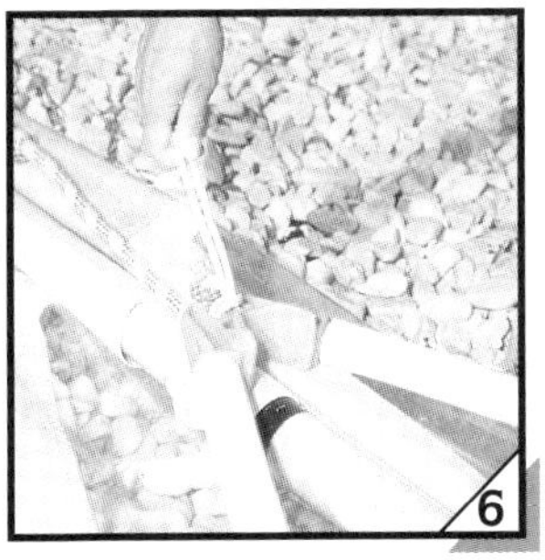

Mit dem Masttampen befestigst du den Gabelbaum am Mast. Es gibt da diverse Methoden, abhängig von Form und Beschaffenheit des Gabelbaumkopfes. Befolge die Hersteller-Anweisung oder laß es dir im Surf-Shop erklären.

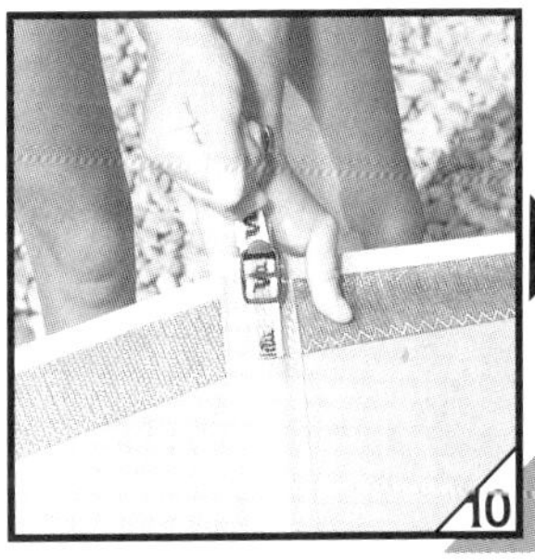

Jetzt sind die Latten an der Reihe. Schieb sie in die dafür vorgesehenen Taschen und spann sie mit den Lattenspannern durch. Bei profilierten Latten zeigt das dünnere Ende zum Mast.

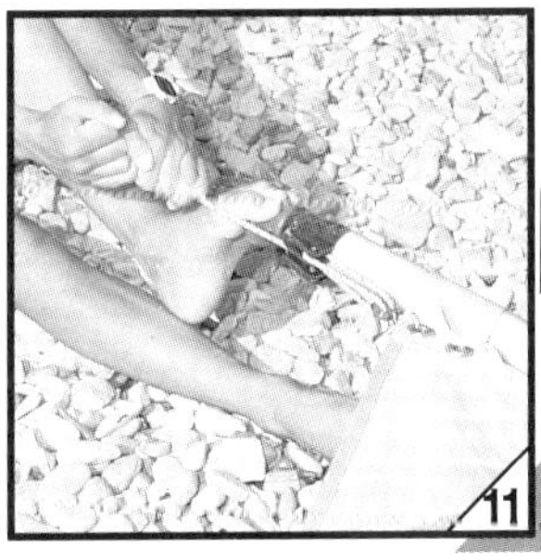

Setz nun das Segel den Bedingungen entsprechend durch (siehe unten). Dazu trimmst du erneut das Vorliek, setzst dich hin und hilfst mit dem Fuß wieder nach. Das gleiche passiert mit dem Achterliek. Verknote die überstehenden Tampen an Gabelbaum und Mastfuß.

Befestige das untere Ende der Startschot mit einem Gummiseil am Mastfuß, oberhalb des Powerjoints. Meistens haben auch die Startschoten unten einen Befestigungshaken. Diesen hängst du oberhalb des Powerjoints ein.

Befestigung einer Abschleppschlaufe

Falls du abgeschleppt werden müßtest oder anderen helfen möchtest, hilft es, eine Schlaufe an deiner Abschleppöse zu befestigen. An der Schlaufe läßt sich viel leichter ein womöglich dickes Abschleppseil befestigen als an der kleinen Öse. Alles was du brauchst, ist ein etwa 20 cm langes, dünnes, aber starkes Stück Schnur. Führe es durch die Abschlepp öse und knote es sorgfältig zusammen.

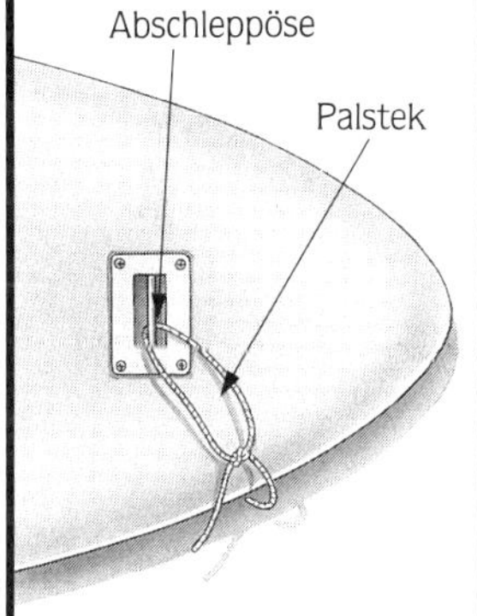

Checkliste zum Mieten von Boards

Obwohl es viele sehr gute Surf-Schulen und Clubs gibt, die hervorragendes Material verleihen, ist da unglücklicherweise doch auch hin und wieder ein schwarzes Schaf versteckt. Auf Seite 53 findest du heraus, ob die Ausrüstung in Ordnung ist. Hier stehen die Punkte, nach denen du überprüfen kannst, ob das ganze richtig aufgeriggt ist:

★ Ist der Gabelbaum in der richtigen Höhe für dich?

★ Ist der Gabelbaum fest mit dem Mast verbunden?

★ Sind Achter- und Unterliek anständig durchgezogen?

★ Ist das Segel den Bedingungen entsprechend getrimmt?

★ Sind die Latten gespannt?

★ Hast du für den Wind die richtige Segelgröße? Falls du dir selbst nicht sicher bist, und der Wind einigermaßen stark bläst, wähle lieber ein kleineres, nur halbdurchgelattetes Segel (siehe Seite 48–49).

Nützliche Knoten

Zwei Knoten sind besonders nützlich, nämlich Palstek und Achterknoten.

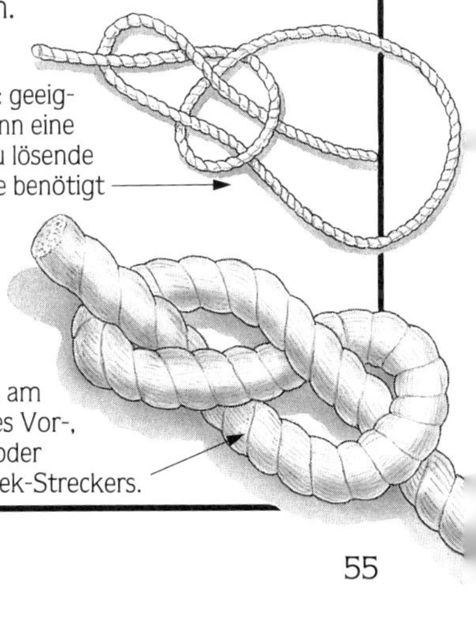

Palstek: geeignet, wenn eine leicht zu lösende Schlinge benötigt wird.

Achterknoten: am Ende des Vor-, Unter- oder Achterliek-Streckers.

Wie man die Windsurf-Ausrüstung transportiert

Wenn du nicht gerade direkt am Ufer wohnst oder schon an einem Strand bist, dann wirst du das Surfbrett wohl mit dem Auto ans Wasser transportieren müssen. Wir zeigen dir nun, wie du deine Ausrüstung auf einem normalen Dachgepäckträger befestigst. Denke beim Fahren mit einem Windsurfer auf dem Dach an den eventuell überstehenden Mast, das ist gefährlich und z. B. in Italien verboten.

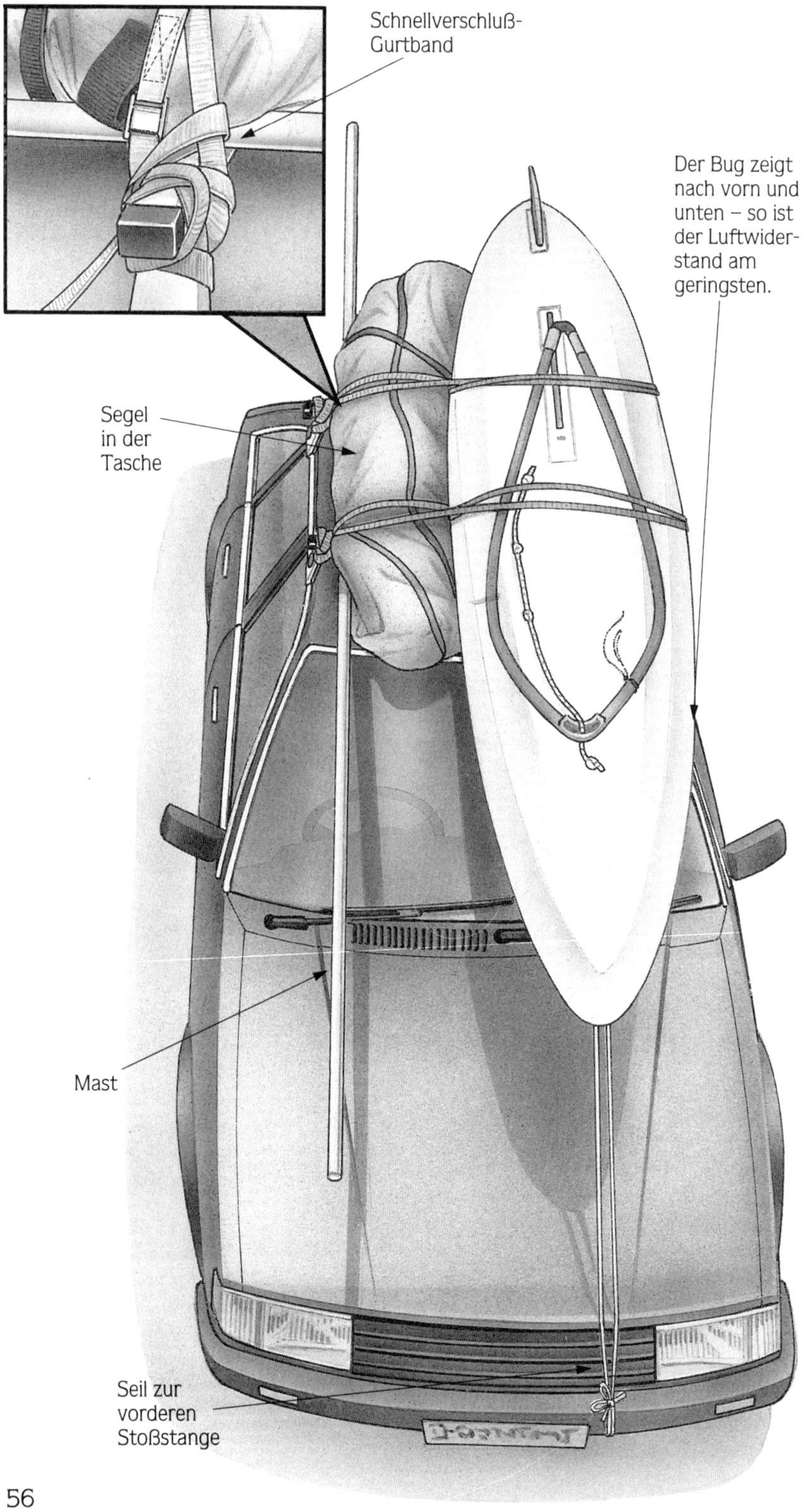

Was du brauchst

★ Dachgepäckträger

★ ein Paar Spanngurte

★ ein Paar zum Trägerholm passende Masthalter (gibt es beim Surf-Shop)

★ 2–3 Meter feste Schnur

★ Schaumstoffpolster (gibt es im Surf-Shop in speziell für Dachträger passenden Formen)

★ kleines rotes Fähnchen oder Tuch

Befestigung von Brett und Rigg auf dem Dach

1. Wenn der Dachträger scharfe Kanten hat, die das Brett beschädigen könnten, dann wickle Schaumstoffpolster darum, oder schieb die aus dem Surf-Shop einfach darauf.

2. Bist du allein, lehne das Board in Fahrtrichtung mit der Unterseite nach oben gegen eine Querstrebe des Dachträgers; das Heck bleibt am Boden. Heb das Heck an und schieb das Brett vorsichtig auf dem Dach in die gewünschte Position, gleichmäßig nach vorn und hinten über beide Querstreben verteilt. Seid ihr zu zweit, könnt ihr das Brett ja auf einmal hochheben.

3. Leg den Gabelbaum auf das Brett, mit den an der Gabel befestigten Klemmen nach oben, damit sie das Board nicht beschädigen. Steck das Segel in die dazugehörige Tasche und leg es auf die Gabel oder neben das Brett.

4. Befestige die Masthalter an den Holmen (beide auf derselben Autoseite), dreh fest zu (damit sie da auch bleiben), leg den Mast hinein und sichere ihn mit den Gummis.

5. Nimm den ersten Spanngurt, zieh ihn unter dem Dachträger durch und nahe an dem einen Trägerfuß über das Brett.

6. Das gleiche machst du mit dem zweiten Gurt am anderen Träger. Zieh beide Gurte fest und verknote die Enden um Mast und Gepäckträger.

7. Steck ein Ende deiner Schnur durch die Abschleppöse des Boards und befestige beide Enden fest angezogen an der Stoßstange des Autos.

8. Wenn der Mast vorn oder hinten über das Auto hinaussteht, befestige das rote Fähnchen daran, damit er nicht übersehen wird.

Abschließen

Es ist keine schlechte Idee, dein Equipment auf dem Autodach gegen lange Finger zu sichern, falls es längere Zeit auf der Straße stehenbleibt. Den besten Schutz bietet immer noch ein langes Stahlseil, welches mit Sicherungssystemen Brett, Mast, Gabelbaum und Auto verbindet (siehe unten).

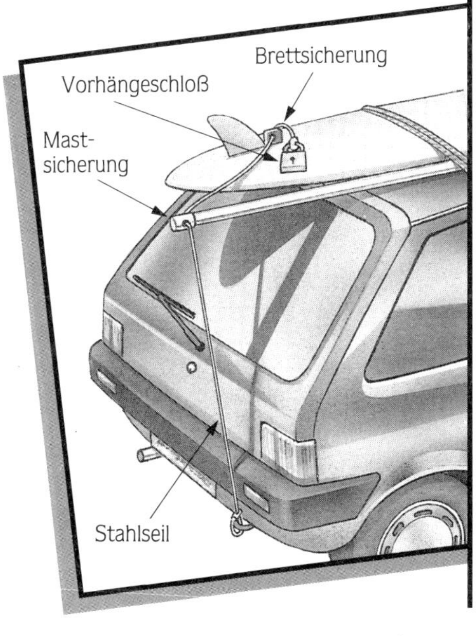

Das Surfbrett ans Wasser bringen

Am einfachsten ist es, Brett und Segel getrennt zum Wasser zu tragen. Beginne mit dem Brett, aber laß das Segel so zurück, daß es nicht weggeblasen wird. Leg das Brett mit der Finne nach oben – das schont sie – und dem Bug in Richtung Wind am Wasserrand ab. Hol dann das Segel. Leg das Segel zuerst ins Wasser, denn es treibt nicht so schnell ab wie das Brett.

Das Board tragen

Entweder:
du drehst das Brett auf die Seite, mit der Oberseite zu dir. Mit Blick zum Bug greift die linke Hand die Mastschiene, und die rechte von der anderen Seite in den Schwertkasten.

Oder:
du schiebst das Schwert in den Kasten. Deine rechte Hand greift wieder über das Brett und faßt diesmal das Schwert von vorn. Die linke Hand bleibt wie gehabt. Manchmal trägt es sich so besser.

Das Rigg tragen

Es gibt auch zwei Möglichkeiten, das Rigg zu tragen. Beide Male unterstützt dich das Rigg dabei. Merkst du, daß du beim Transportieren ständig gegen den Wind ankämpfen mußt, dann machst du irgendetwas falsch.

Entweder:

1. du legst das Rigg auf den Boden, den Mast im rechten Winkel zum Wind;
2. du stellst dich hinter den Mast, mit dem Rücken zum Wind;
3. eine Hand greift den Mast oberhalb des Gabelbaumes, die andere den Gabelbaum selbst;
4. so hebst du das Rigg auf und trägst es zum Wasser; dabei hältst du den Mast immer im rechten Winkel zum Wind.

Oder:

1. du legst ebenfalls das Rigg zu Boden, den Mast rechtwinklig zur Windrichtung;
2. du hebst das Segel über deinen Kopf und plazierst den Mast waagerecht vor dir;
3. eine Hand hält den Mast, die andere den Gabelbaum unter dem Segel (siehe oben).

Windstärken und Gezeiten

Es ist wichtig, den Wind einschätzen zu können, bevor du aufs Wasser gehst, damit du beurteilen kannst, ob du den Verhältnissen gewachsen bist oder nicht. Ebenso entscheidend ist das für die Segelwahl. Man erkennt die Windstärke an Baumbewegungen, am Wellengang oder durch Messen mit einem Windmesser. Es empfiehlt sich, den Wetterbericht im Radio zu hören und besonders auf Sturmwarnungen zu achten. Die allgemein gebräuchliche Maßeinheit für Windstärke ist Beaufort.

Stärke	Wind	Auf dem Wasser	Auf dem Land	Windgeschwindigkeit
0	Windstille	Wie ein Spiegel	Rauch steigt senkrecht auf.	0 km/h
1	leiser Zug	kleine Rippen	Rauch wird verblasen.	1–5 km/h
2	leichte Brise	kleine Wellen	Wind im Gesicht spürbar.	6–11 km/h
3	schwache Brise	Wellen gut erkennbar, vereinzelt Schaumkrönchen.	Blätter und dünne Zweige in Bewegung. Wind läßt Wimpel wehen.	12–19 km/h
4	mäßige Brise	Wellen bilden regelmäßig Schaumkronen.	Staub und Papierschnipsel werden verblasen; dünne Äste bewegen sich.	20–28 km/h
5	frische Brise	Wachsende Wellen bilden größere Schaumkronen.	Kleinere Bäume beginnen zu schwanken.	29–38 km/h
6	starker Wind	Große Wellen beginnen zu brechen; Wellenkämme reißen ab.	Starke Äste bewegen sich; Regenschirme sind fast nicht mehr zu halten.	39–49 km/h
7	steifer Wind	Wasser beginnt zu schäumen; Wellenkämme werden weit verblasen.	Ganze Bäume in Bewegung; Gehen gegen den Wind wird beschwerlich.	50–61 km/h
8	stürmischer Wind	Hohe Wellen; Weißwasser wird großflächig vom Wind verblasen.	An Bäumen brechen Zweige ab.	62–74 km/h
9	Sturm	Hohe Wellen mit unregelmäßig brechenden Kämmen; Sicht durch fliegenden Schaum behindert.	Äste brechen ab; lose Dachziegel werden herabgeweht.	75–88 km/h
10	schwerer Sturm	Sehr hohe Wellen mit überhängenden Kämmen; Wasseroberfläche weiß; Sicht stark beeinträchtigt.	Bäume werden entwurzelt; starke Schäden an Häusern.	89–102 km/h
11	orkanartiger Sturm	Wellen sind so hoch, daß sie Sicht auf Schiffe stark beeinträchtigt.	verbreitete Sturmschäden	103–117 km/h
12	Orkan	Luft ist voller Wasserstaub; Sicht schwer beeinträchtigt; Atem erschwert.	schwere Verwüstungen	über 118 km/h

Windrichtung

An der Meeresküste ist der Seewetterbericht nützlich, der Windstärke und -richtung vorhersagt. Es ist sehr hilfreich, das zu wissen, da du mittels einer Karte sagen kannst, an welchen Küstenabschnitten er folglich (schräg) auflandig oder Sideshore bläst. Du solltest auch den Effekt von Land- oder Seewind in Betracht ziehen (siehe rechts). An heißen Tagen heizt sich das Land schneller auf als das Wasser. Das

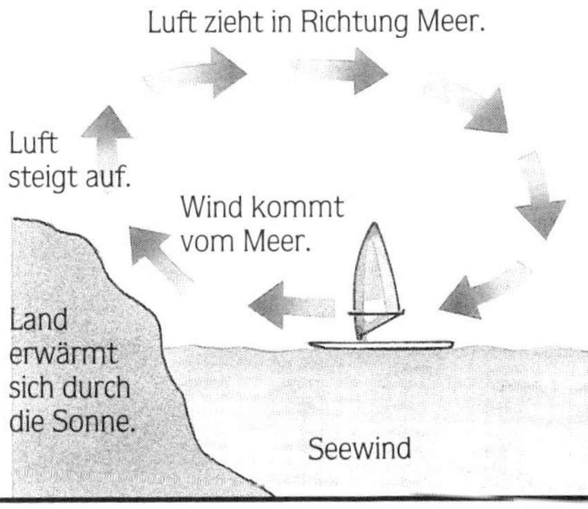

bewirkt, daß die warme Luft über dem Land aufsteigt, und ein Sog der kalten Luft vom Meer auf das Land entsteht. Das nennt man dann Seewind, und an sehr heißen Tagen kann das schon mal auflandigen Wind der Stärke 4 bedeuten. Andererseits kühlt das Land nachts schneller ab als das Wasser. Frühmorgens bewirkt das einen ablandigen Landwind, der zum Surfen sehr tückisch sein kann.

Gezeiten

Gezeiten werden durch die Anziehungskraft von Mond und Sonne erzeugt. Die Stärke des Tidenhubs (Gezeitenunterschiedes) hängt ab von der Position der Sonne zum Mond.

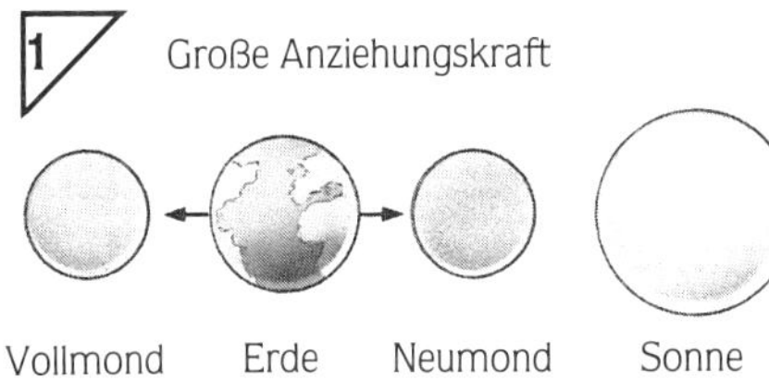

Wenn Sonne und Mond auf einer Linie liegen, gibt es Springflut.

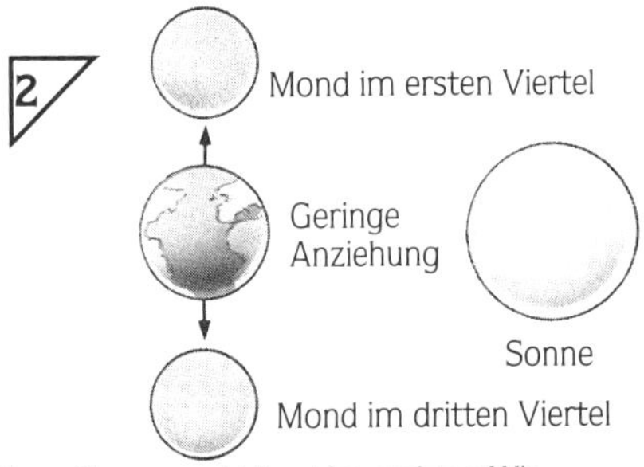

Wenn Sonne und Mond im rechten Winkel zueinander stehen, gibt es Nippebbe.

Knapp sechs Stunden benötigen die Gezeiten, um von Flut (höchster Wasserstand) zu Ebbe (niedrigster Wasserstand) zu wechseln. Die Strömung ist in den mittleren zwei Stunden am stärksten. Surfe nie bei einer abfließenden Springflut (das ist die Flut nach Vollmond); denn wenn der Wind nachläßt, wirst du einfach aufs offene Meer hinausgezogen.

Der Gezeitenstand

In den meisten Küstengebieten sind an den Touristen-Informationsbüros örtliche Gezeitentabellen erhältlich, welche die Zeiten von Ebbe und Flut für das ganze Jahr enthalten. Läßt sich solch eine Tabelle nirgends auftreiben, dann kannst du den Stand der Dinge selber nach folgenden Gesichtspunkten einschätzen:

1. Schau dir den Strand an. Ist er trocken, herrscht Flut. Ist er naß, bedeutet das ablaufendes Wasser, also Ebbe.

2. Falls nicht ein sehr starker Wind weht, treiben geankerte Boote immer in Richtung der Gezeitenströmung.

Vorfahrtsregeln

So wie es im Straßenverkehr strikte Regeln und Gesetze zur Vorbeugung gegen Unfälle gibt, existieren solche auch auf dem Wasser. Die grundsätzlichen Regeln findest du hier, doch unabhängig davon solltest du jederzeit überlegt und überlegen – und niemals aggressiv – reagieren. Weich aus, wenn du ein größeres Schiff oder etwa einen Surfanfänger auf dich zurauschen siehst.

1. Steuerbordbug (rechts) vor Backbordbug (links).

Im Klartext: Wenn deine rechte Hand die Masthand ist, hast du vor Entgegenkommenden Vorfahrt. Motorfahrzeuge – ausgenommen Linienschiffahrt – müssen grundsätzlich ausweichen. Segelboote und Surfer zählen gleich.

2. Der Überholende muß sich freihalten, d. h. er darf keinen behindern.

3. Fahren zwei auf gleichem Bug, gilt Lee vor Luv. Eselsbrücke: Lee ist da, wo's leer ist – Luv ist da, wo die Luft herkommt.

Regattaregeln

Zusätzlich zu den Grundregeln links wurden auch Vorschriften für Regatten entwickelt. Es gibt ein Regelbuch, hier die drei wichtigsten Regeln:

1. Ein Board darf während eines Manövers kein geradeaus fahrendes behindern.
2. Normalerweise sollte an den Bojen dem Board in der Kurven-Innenseite Platz zum Halsen gelassen werden.
3. Du hast keine Rechte, wenn du rückwärts die Startlinie überfährst.

Regeln in der Welle

Auch hier gibt es einige Zusatzregeln zur Unfallverhütung.

1. Windsurfer, die mit der Welle surfen, müssen entgegenkommenden immer ausweichen.
2. Wenn zwei Surfer dieselbe Welle abreiten, hat der dem brechenden Teil nähere Vorfahrt.
3. Wenn zwei Surfer verschiedene Wellen abreiten, hat der weiter vom Ufer entfernte Vorfahrt.
4. Windsurfer müssen Wellenreitern immer ausweichen.

Nützliche Adressen und Tips

In Europa gibt es zunächst unzählige kleinere Veranstaltungen, die teilweise für die Punkteverteilung auf den Regattalisten Ausschlag geben und teilweise nicht. Einen allumfassenden Regattakalender zu erstellen, wäre ein Ding der Unmöglichkeit, da Daten und Schauplätze oft einem Wandel unterzogen sind. Wer bis in den World Cup vorstoßen möchte, dem sei empfohlen, sich zu Beginn bei lokalen Veranstaltungen zu erproben und des weiteren den Einstieg in den Euro-Funboard-Cup zu wagen, sowie die Teilnahme an deutscher, österreichischer oder schweizerischer Meisterschaft. Für genauere Informationen solltest du dich an die zuständigen Organisatoren wenden.

Wer organisiert Regatten?

Bundesrepublik Deutschland:
P.B.A. Professional Boardsailing Association
Feldafinger Platz 2
D-8000 München 71
Tel. 089/ 281076
Verband Deutscher Regattafahrer
Von-Wert-Strasse 74
5021 Pulheim
Tel. 0223/481294

Österreich:
Österreichische Funboard-Meisterschaften am Neusiedler See
Kontakt über:
Ed Jung
Sickeystraße 6/25
A-1110 Wien
Tel. 0222/7653104

Schweiz:
Schweizerischer Nitro-Cup am Silvaplana-See
Kontakt über:
Andri Niggli
c/o Hotel Süsom Surlej
CH-7513 Silvaplana
Tel. 082/48213

Wo Surfen?

Surfen »vor der Haustür«
Es ist für jeden Anfänger empfehlenswert, die ersten Versuche auf dem nächstbesten geeigneten und zugelassenen Gewässer zu unternehmen. Denn für den Anfang braucht man keine großartige Thermik – da reicht schon die lokale Brise.

Binnenseen
Die europäischen Binnengewässer bieten meist nur bei ganz bestimmten Wetterlagen wie Föhn in den Alpen brauchbare Verhältnisse. Besonders hervorzuheben sind im Süden nur der Neusiedler See an der österreichisch-ungarischen Grenze oder der Gardasee in Norditalien.

Surfclubs
Solche Clubs bieten einige nicht von der Hand zu weisende Vorteile:
★ Du triffst auf gleichgesinnte Surf-Enthusiasten und kannst Erfahrungen und Tips austauschen.
★ Man kann am Schwarzen Brett des Clubs Second-hand-Material kaufen und verkaufen.
★ Du kannst mit anderen Clubmitgliedern gleichen Niveaus an Regatten teilnehmen.
★ Viele Vereine bieten Clubhausanlagen mit Umkleideräumen, Duschen und Erfrischungsbars.
★ Manche Vereine bieten auch Lagermöglichkeiten für Brett und Rigg.

Versicherungen

Es ist zwar nicht Vorschrift, aber empfehlenswert, für das Board eine Haftpflichtversicherung einzugehen, sobald du es bekommst. Sie muß für jedes Brett einzeln abgeschlossen werden. Die normale Privat-Haftpflicht deckt das Risiko beim Surfen nicht ab.
Im Gegensatz dazu treten die üblichen Unfallversicherungen auch bei Surf-Unfällen ein. Ausgeschlossen sind lediglich Rennen und Wettbewerbe; hier sollte über den Club oder den Veranstalter für Versicherungsschutz gesorgt sein.
Im Rahmen einer Kfz.-Gepäckversicherung kann man die Ausrüstung gegen Diebstahl und Beschädigung versichern, wenn man abschließbare Träger hat.
Ein paar der wichtigsten allgemeinen Punkte, auf die man bei Versicherungsabschlüssen achten sollte:
1. Immer die Prämien (und eventuelle Rückvergütungen) vergleichen und die günstigste wählen.
2. Unklarheiten (insbesondere im Kleingedruckten) durch Nachfragen ausräumen, die sonst eventuell deinen Anspruch gefährden könnten.
3. Die Möglichkeit prüfen, umsonst oder gegen eine kleine Gebühr den Versicherungsschutz auch im Ausland zu erhalten. Die Versicherungs-Gesellschaften wollen über Fernreisen gewöhnlich vorher informiert werden.

Ferienziele für gehobene Ansprüche

Obwohl es keine 100prozentigen Windgarantien gibt, lassen sich doch einige Orte auftreiben, an denen eine relativ große Windwahrscheinlichkeit zu erwarten ist. Wir haben hier versucht, die bekanntesten und besten Spots in Reichweite aufzulisten. Um detailliertere Informationen zu bekommen, frag in Reisebüros, beim internationalen Wetterdienst, bei anderen Surfern oder im Surf-Shop nach.
Das Mittelmeer bietet je nach Jahreszeit gute Bedingungen mit im Sommer warmem Wasser und angenehmen Seebrisen.

Bundesrepublik Deutschland
An Nord- und Ostseeküste bieten sich – bei kühlem Wasser – sehr gute Verhältnisse. Allen voran ist da Sylt zu nennen, aber auch Kitmoller oder Damp sind ins Rampenlicht gerückt.

Sardinien
Die Nord- und Westküste bieten von Oktober bis April bei Mistral gute bis sehr gute Surfbedingungen. Wellenrevier.

Korsika
Ähnliche Bedingungen wie auf Sardinien, der Wind ist etwas schwächer. Moderate Wellen, manchmal starke Dünung.

Türkei
Der Küstenabstrich zwischen Foca und Izmir bietet im Frühsommer oft gute Verhältnisse.

Griechenland
Insbesondere Kos und Rhodos werden unter Windsurfern der beständigen Winde wegen gepriesen. Moderate Wellen. Vorherrschend bläst der Meltemi.

Südfrankreich und italienische Riviera
Im Frühjahr und Herbst von Albenga bis Nizza, sowie von St. Tropez bis Marseille oft sehr starke, aber meist schräg ablandige Winde. In Südfrankreich bisweilen hohe Wellen. Der Mistral kann sehr stark werden.

Spanien
Rosas wartet mitunter mit starken thermischen Winden auf, ebenso Mallorca und Tarifa. Tarifa, an der Südspitze Spaniens gelegen, ist Europas Starkwind-Domizil. Blutigen Anfängern ist von einem Urlaub dort abzuraten.

Frankreichs Atlantik-Küsten
Hier gibt es in der Bretagne und in der Normandie sowie bei Bordeaux bis Biarritz gute Bedingungen.

Niederlande
Die Nordsee-Küste kann mit großer Wind-Wahrscheinlichkeit aufwarten. Mit Zandvoort (Weltcup-Austragungsort) und Scheveningen hat Holland durchaus klangvolle Namen für Fortgeschrittene zu bieten.

Dänemark
Vor allem an der Nordsee-Küste gibt es viel Wind; sie ist für Surfer noch relativ unerschlossen.

Kanarische Inseln
Auf Fuerteventura, Lanzarote, Gran Canaria und Tenerifa sind von Mai bis September gute Passatwinde aus Nordost zu erwarten. Örtlich auch zwei bis drei Meter hohe Wellen. Die Kanaren sind in den letzten Jahren sehr populär geworden.

Kapverdische Inseln
Karge Inseln, die sich aber durch sehr gute, konstante Passatwinde von Mai bis September auszeichnen. Nicht alle Inseln sind per Charterflugzeug erreichbar.

Karibik
Sonne, 30°C Luft- und Wassertemperatur, Passatwinde aus Südwest. Im Sommer bilden Inseln wie Barbados, Aruba oder Haiti/Dominikanische Republik kleine Paradiese. Abgesehen von seltener Riffbrandung gibt es größtenteils nur Flachwasser.

Hawaii
Die ultimative Versuchung. Oahu und Maui sind die Mekkas des Brandungssurfers. Winde sind nicht so konstant wie auf Barbados oder in Tarifa, aber solche Wellen gibt es nirgendwo anders. In den Sommermonaten ist die Wind-Wahrscheinlichkeit der Passatwinde sehr groß (hier aus Südost).

Die Pauschal-Surfreise
Bevor du einen Surfkurs mitbuchst, erkundige dich beim Veranstalter nach folgendem:
★ Wie viele Schüler nehmen an einem Kurs teil?
★ Welche Art von Material ist vorrätig?
★ Ist es in gutem Zustand oder alt und verschlissen?
★ Gibt es genügend Boards für alle Surfurlauber?
Es ist ziemlich frustrierend, für die Ausrüstung anstehen zu müssen.

Das eigene Brett am Strand
Viele Leute ziehen es vor, das eigene Brett mit an den Urlaubsort zu nehmen. Folgende Tips sind hilfreich:
1. Das Material wird beim Transport schnell beschädigt. Schütze dein Board deshalb mit einem hochwertigen Boardbag (kann man kaufen oder mieten) oder hülle es in Iso-Matten und befestige Gabelbaum und Segel mit Klebeband am Deck. Schütze beide Mastenden ebenso. Besser zu transportieren ist ein zweiteiliger Mast.
2. Frage vor Flugreisen bei der Fluggesellschaft nach, ob auch genügend Platz für den Surfer vorhanden ist. Hol diese Auskunft möglichst vorher schriftlich ein und nimm die Antwort mit zum Flughafen an den Counter, falls Schwierigkeiten auftreten. Meistens mußt du für derartiges Übergepäck eine Gebühr bezahlen. Informiere dich daher vorher, um unangenehme Überraschungen beim Einchecken zu vermeiden. Sei rechtzeitig am Flughafen.
3. Überprüfe die Gültigkeit deiner Versicherung.

Register

Hier werden auch manche Fachbegriffe mit einer kurzen Erläuterung versehen. Die Zahlen der Seiten, auf denen der entsprechende Begriff hauptsächlich behandelt wird, stehen jeweils dahinter.

Bildnachweis

Wir danken den folgenden Personen und Firmen für die Erlaubnis, ihre Fotos abzudrucken. Die Fotos sind von Bob Martin (All-Sport UK) und Rob Jewell, soweit sie nicht im folgenden anders benannt sind.

Steve Wilkings:
S. 3 (2. von oben), S. 38 (oben, Mitte), S. 39 (Mitte)

Gilles Lhotte: S. 3 (3. von oben)

Cliff Webb (Evans Webb Associates):
S. 31 (Mitte), S. 32, S. 38 (unten), S. 39 (oben, unten)

Astonocean: S. 33 (oben, Mitte); Surfer: **Stuart Sawyer**

© **Mistral Windsurfing:** S. 34 (unten)

Alex Williams: S. 35 (unten)

Gil Lanzi: S. 42

CIP-Titelaufnahme der Deutschen Bibliothek

Cook, Janet:
Das Buch vom Windsurfen: vom Anfänger zum Könner/
Janet Cook; Penny Way. Ill. von John Beswick ...
Aus d. Engl. von Jörn Kachelriess.
– München: Ars-Ed., 1990
Einheitssacht.: The Usborne book of windsurfing <dt.>
ISBN 3-7607-4539-3
NE: Way, Penny:

Mit Spaß ENTDECKEN

Sachbücher für Kinder und Jugendliche

ISBN 3-7607-4516-4

ISBN 3-7607-4517-2

ISBN 3-7607-4518-0

ISBN 3-7607-4509-1

ISBN 3-7607-4510-5

ISBN 3-7607-4511-3

ISBN 3-7607-4512-1

ISBN 3-7607-4533-4

ISBN 3-7607-4534-2

ISBN 3-7607-4522-9

ISBN 3-7607-4523-7

ISBN 3-7607-4531-8

ISBN 3-7607-4532-6